생의 마지막을 생각할 때
삶은 비로소 시작된다

생의 마지막을 생각할 때 삶은 비로소 시작된다

히스이 고타로 지음 | **이맑음** 옮김

KOTARO HISUI

Discover 책들의정원

여는 말

당신을 죽음의 세계로 초대합니다

진짜 하고 싶은 일을 하는 삶과, 사실은 하고 싶지 않은 일을 하는 삶이 눈앞에 펼쳐져 있습니다.

당신은 어느 쪽을 선택하실 겁니까?

그야 진짜 하고 싶은 일을 하는 삶을 선택하고 싶으실 겁니다.

하지만 감히 예언해 보겠습니다.

이대로 삶을 살아간다면, 인생의 마지막 날, 당신은 90%의 확률로 후회할 겁니다.

어떻게 알 수 있을까요? 다음 설문조사는 미국에서 90세 이상의 노인들을 대상으로 진행한 겁니다.

"90년 인생을 돌아보며 유일하게 후회하는 게 있다면 무엇인가요?"

이 질문에 대해 놀랍게도 90%의 사람들이 같은 대답을 했습니다.

그건……

"더 모험을 해봤다면 좋았을 텐데"였습니다.

지금과 같은 삶이 이대로 이어진다면 5년 후, 당신은 어떤 모습일까요? 지금과 같은 삶이 10년 동안 이어진다면 어떨까요? 지금처럼 살아간다면 인생의 마지막 순간에 후회하지 않을까요?

저세상에는 돈도, 가구도, 옷도, 심지어 집도 가져갈 수 없습니다. 그렇기에 이 세상에서 재산을 잃는 건 진짜 불행이 아닙니다. 그렇다면 이 세상에서 가장 불행한 일은 무엇일까요?

그건 바로 죽음이 가까워졌을 때,

자신의 삶을 후회하는 것입니다.

맞습니다. 죽기 전에 후회하는 것이야말로 최고의 불행입니다. 그런데 그걸 피하는 방법이 딱 하나 있습니다. 바로 지금, 이 자리에서 당신이 죽는 순간을 생각해 보는 겁니다. 죽음을 진지하게 마주하는 순간 당신은 자신의 '본심'을 깨닫게 될 겁니다.

죽는 건 항상 다른 사람들이다.

현대 예술가 마르셀 뒤샹이 자신의 묘비에 새긴 문구입니다. 그는 1968년에 사망했고, 묘비의 문구는 일종의 블랙유머이자 예술로 받아들여집니다.

어째서인지 사람들은 '나만은 죽지 않을 거야'라고 생각합니다. 하지만 유감스럽게도 우리가 죽을 가능성은 100%입니다. 태어나 울음을 터뜨린 순간부터, 1초, 1초. 지금 이 순간조차도 죽음에 가까워지고 있습니다. 언젠가 우리 모두 죽는다면 이 삶의 의미는 대체 무엇일까요? 눈을 가린 채 죽음 같은 건 잊어버리고 눈앞에 놓인 삶을 살아가면 안 되는 걸까요?

찰스 다윈, 스티브 잡스 같은 사람들이 그렇게 단호하고 열정적으로 살 수 있었던 건, 죽음을 바라보면서도 죽음에 대한 두려움에 빠지지 않았기 때문입니다. 언젠가 죽음이 닥친다는 사실을 부정하지 않고 '주어진 삶을 어떻게 살아가야 하는가?'라고 매일 고민했기 때문에, '사람은 언젠가 죽는 존재'라는 사실을 외면하지 않았기 때문에 그럴 수 있었던 것입니다. 찰스 다윈은 진화론에 대해 이야기하며 죽음의 필연성에 대해 설명했고, 스티브 잡스는 매일 아침 죽음에 대해 생각했다고 연설을 통해 밝혔습니다. 그러니 죽음을 맹목적으로 두려워하는 대신 내가 언젠가 죽는다는 사실을 받아들이고 활용해야 합니다. 언젠가 자신이 죽는다는 걸 받아들인 사람들은 내면의 진정한 감정을 깨달을 수 있기 때문입니다.

'부처님의 꽃'으로 불리는 연꽃에 대해 알고 계십니까? 연꽃은 맑은 물속에서 크고 아름다운 꽃을 피울 수 없습니다. 연못의 물이 더러울수록 아름답고 큰 꽃을 피워냅니다. 그리고 그 꽃잎은 3일 만에 져버립니다.

3일간 부여받은 생명이라도 꽃을 피워냈다면 그것은 아

름다운 생이 될 겁니다. 그것이 바로 '삶'이기 때문입니다.

여러분이 자기 본연의 모습으로 솟구치는 본심을 따라 살았을 때, 3일짜리 목숨이더라도 거기엔 후회가 없을 겁니다.

삶의 마지막 날, 당신은 어떤 감정을 느꼈으면 하십니까?

지금처럼 살아간다면 그 감정을 느낄 수 있을까요?

만약 불가능하다면 언제부터 삶을 바꿔야 할까요?

인생은 스스로에게 어떤 질문을 던지는가에 따라 결정됩니다.

히스이 고타로

그럼, 당신을 지금부터

'죽음의 세계'로 초대하겠습니다.

차례

2부 끝을 정하는 건 운명인 줄 알았는데, 모든 건 내 선택이었다

3부 내 삶에 잠들어 있던 빛나는 모든 것

4부 인생의 파도에 휩쓸렸다고 생각했을 때 저 멀리 등대가 보였다

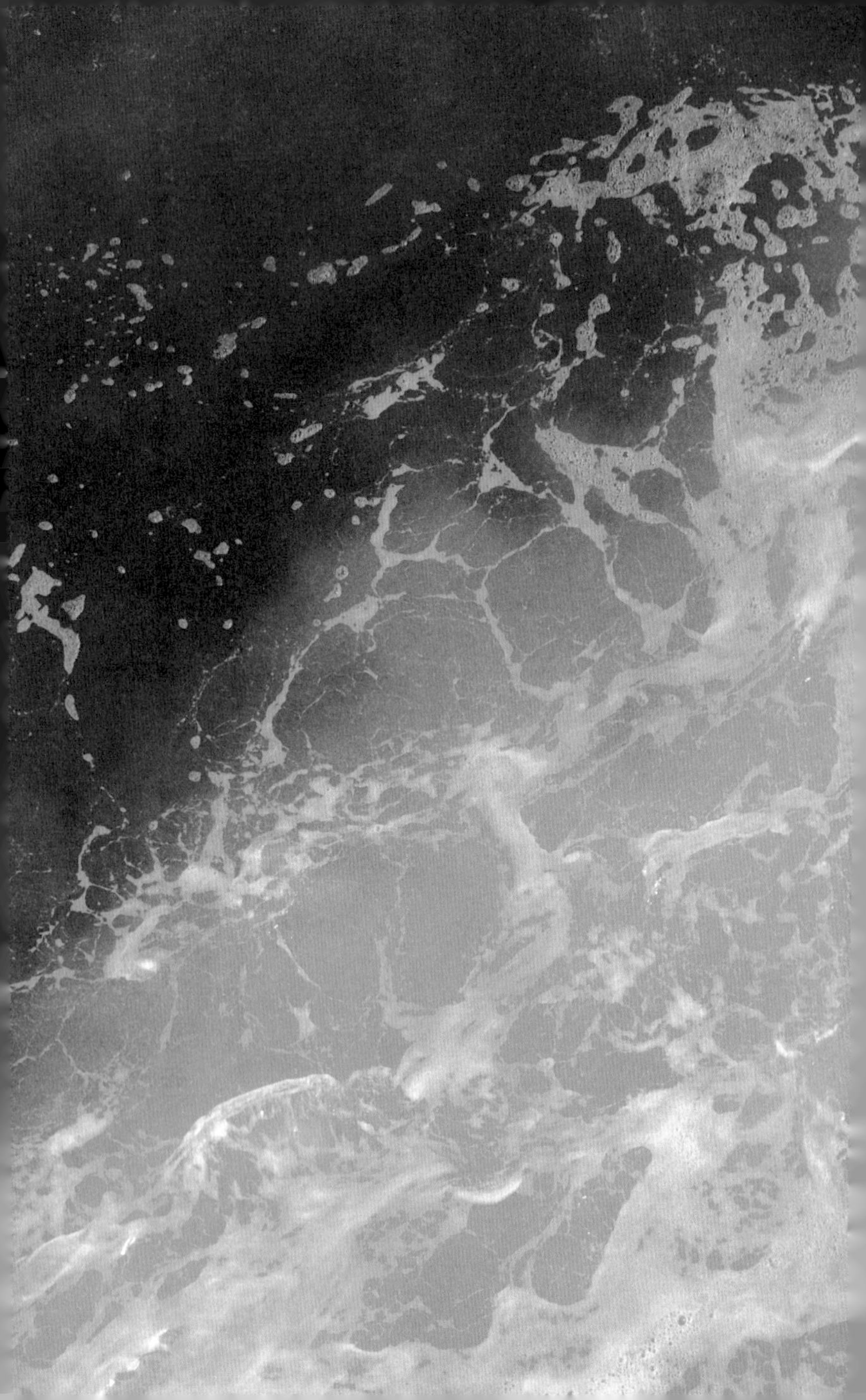

1부

죽음이 물었다, 후회하지 않을 자신 있냐고

1장

불현듯 다가온 생의 마지막 날

생의 마지막 날, 어떤 기분일지 생각해 보신 적 있으십니까?

지금부터 상상해 봅시다. 오늘은 당신 인생의 마지막 날이며, 삶의 마지막 순간이 다가오고 있습니다.

(여기서부터는 누워서, 등을 바닥에 대고 읽어주세요)

당신은 잠옷을 입고, 지금 병원 침대 위에 누워 있습니다. 창문 밖으로 해가 저물어가고 있습니다.

병실에는 당신 혼자뿐입니다. 천장의 형광등 불빛을 멍

하니 쳐다보고 있습니다.

당신은 어떤 삶을 살아왔습니까?

지금까지 살아온 삶에 후회가 없습니까? 그렇게 당당하게 말할 수 있는 인생이었습니까?

상상해 보십시오. 당신의 영혼은 이제 곧 육체를 떠날 겁니다.

30초 후, 몸이 마치 사라질 것처럼 가벼워집니다.

20초 후, 당신은 죽음을 직감합니다.

시야가 흐려져 아무것도 보이지 않습니다.

10초 후, 당신의 의식이 흐려집니다.

몸의 모든 감각이 서서히 사라집니다.

공간에 녹아들어 나와 세상의 경계가 없어졌습니다.

두근두근두근두근두근두근……

심장 박동이 잦아들고 있습니다. 그나마 남아있던 의식이 어딘가로 끌려가고 있습니다.

정말 죽은 것처럼,

이제부터 5분 동안 움직이지 말고

눈을 감고 죽음을 느껴보십시오.

머릿속 5분이 지나면 다음 페이지를 펼쳐주십시오.

해야 할 일이나 이루고 싶었던 꿈이 남아있습니까?

후회하거나 아쉬운 일은 없으십니까?

이대로 삶을 마감한다니 아쉽지 않으십니까?

단 한 번뿐인 인생이 이대로 끝난다니…….

소리쳐 울고 싶지 않으십니까?

그럼 다시 5분을 드리겠습니다. 이 5분 동안 후회되는 일 생각해 보십시오. 크게 소리내어 울어보십시오. 후회가 당신을 구석까지 몰아붙일 것입니다. 하지만 후회는 새로운 삶의 세계로 향하는 입구이기도 합니다. 후회하는 마음을 날개로 만들어 하늘로 날아오르는 겁니다.

'울다'라는 뜻을 가진 한자 울 읍泣은 '눈물'이라는 뜻을 가진 눈물 루淚의 일부인 삼수 변氵과 '일어서다'라는 의미를 가진 한자 설 립立이 합쳐진 것입니다. 이는 눈물을 흘린 후에야 비로소 일어설 수 있다는 의미를 담고 있습니다. 그러니 이제 마음껏 후회하고 소리치며 울어보십시오.

이 책을 읽고 있는 당신은 아직 인생을 다시 시작할 수 있습니다. 다만, 새롭게 태어나기 위해서는 옛날의 당신은 죽어야 합니다. 스스로를 구속하던 낡은 가치관, 사고방식을 없애고 새로운 당신으로 태어나야 합니다. 당신은 이미 과거의 자신을 버리고 새롭게 태어날 준비가 되어 있습니다. 그래서 오늘 당신은 이 책을 손에 쥔 것입니다. 오늘부터 새롭게 태어날 수 있다고 '이 책을 읽은 미래의 당신'이 전하러 온 것입니다.

오늘은 새로운 당신으로 태어날 수 있는 최고의 날입니다.

당신은 앞으로 얼마나 더 살 것처럼 살아가고 있나요?

이사카 코타로(소설가)

2장

나에게는 몇 번의 봄이 남았을까?

하늘이 아무리 흐리더라도 짙은 구름 위에는 항상 태양이 빛나고 있는 법입니다. 불교에서는 마음이 고민으로 덮여있다 해도, 마음 깊은 곳에는 '불성佛性'이 있다고 말합니다. 불성의 의미를 사전에서 찾아보면 '모든 살아 있는 존재가 태어날 때부터 지니고 있는, 불이 될 수 있는 성질'이라고 나와 있습니다. 그런데 모든 사람이 마음 깊은 곳에 불성을 품고 있음에도, 왜 깨달음과 행복을 얻는 사람이 있는 반면에 후회와 번민에 빠져 생을 허비하는 사람도 있는 걸까요?

이에 의문을 가진 승려가 있었습니다. 의문에 대한 답

을 찾지 못한 승려는 스승인 도우겐에게 답을 물어보았습니다. 도우겐은 13세기에 일본 불교의 최대 종파인 '조동종'을 창시한 승려입니다. 제자의 말을 들은 도우겐의 대답은 이러했습니다.

"깨달음을 얻어 성공하는 사람은 노력한다. 깨닫지 못하는 사람은 노력하지 않는다. 그 차이이다."

그건 승려의 마음에 쏙 드는 대답이었습니다. 그러나 그날 밤, 수행자는 다시 의문이 생겼습니다. 인간이 모두 불성佛性을 지니고 있다면 왜 노력하는 사람과 노력하지 않는 사람이 생기는 것일까요? 그래서 다음날, 다시 도우겐에게 물었습니다. 도우겐의 답은 이러했습니다.

"노력하는 사람에게는 목표가 있다. 하지 않는 사람에겐 목표가 없다. 그 차이이다."

그의 말에 수행자도 납득을 했습니다. 그러나 밤이 되자 또다시 의문이 생겼습니다. 불성을 지닌 사람들 중에도 왜 목표가 있는 사람과 없는 사람이 있는 걸까요?

다음 날 수행자가 이를 다시 물었고, 도우겐은 대답했습니다.

"목표가 있는 사람은 '사람은 반드시 죽는다'는 사실을 알고 있다. 하지만 목표가 없는 사람은 '사람은 반드시 죽는다'는 것의 진정한 의미를 알지 못한다. 그 차이다."

구전에 따르면, 고대 로마에서도 이와 관련된 이야기가 있습니다. 전쟁에서 승리한 장군이 사람들이 보내는 환영의 갈채 속에서 퍼레이드를 할 때 옆에 있는 그의 신하에게 어떤 말을 속삭이게 했다고 합니다. 그 말은 바로 이것입니다.

메멘토 모리Memento mori

이는 전쟁에서 승리한 장군이 기쁨의 절정에 있을 때 꼭 속삭인 말이었습니다. 메멘토 모리는 '죽음을 기억하라'는 뜻으로, 자신이 언젠가는 죽을 존재임을 잊지 않아야만 기쁨에 도취되지 않은 채 매사를 올바르게 판단할 수 있다는 의미입니다.

또 노트르담 대성당의 제단에는 '죽음의 알레고리'라 불리는 해골 그림이 그려져 있다고 합니다. 여기에는 '당신 또한 곧 이러한 모습이 될 것이다. 그러므로 끊임없이 나(해골)를 기억하고 나를 바라보라'는 메시지가 담겨 있습니다. 패션 아이템으로도 자주 사용되는 해골 모티프에는 원래 죽음을 잊지 말라는 의미가 있던 것입니다.

오늘 하루, 세상을 떠나는 사람은 전 세계적으로 약 15만 명입니다. 삶의 마지막 날은 반드시 옵니다. 안타깝지만 반드시, 기필코 찾아옵니다.

당신이 30대라면 벚꽃을 70번도 더 못 보게 될지도 모릅니다. 지구가 태양 주위를 70번 도는 동안, 인생은 막을 내리게 됩니다. 고작 지구가 70바퀴를 도는 동안입니다.

여기까지 이 책을 읽은 10분 동안 당신의 수명은 10분 줄어들었습니다. 이게 현실입니다. 이 현실을 무시해서는 안 됩니다. 이 자각이 바로 '차이'가 되는 것입니다. 우리는 무언가를 열심히 하는 사람을 볼 때 '목숨 걸고 한다'라고 말합니다. 하지만 사실, 우리는 모두 태어났을 때부터 목숨 걸고 살고 있습니다. 아무것도 안 하고 있어도 수명이 줄어드는 겁니다. 그저 숨만 쉬고 있어도요. 그것조차 목숨을 걸고 하는 짓입니다. 그러니 여러분은 이 책조차 목숨을 걸고 읽는 중입니다. 현실을 직시하십시오. 'Memento Mori' 죽음을 잊지 말라는 것입니다.

당신에게는 인생의 목표가 있습니까?

있다면 목표를 달성하기 위해 어떤 일을 하고 있습니까?

내일이 있고

모래도 있을 것이라고

생각하는 동안에는

아무것도 없는 것과 같습니다.

가장 중요한 '지금'이 없기 때문입니다.

토이 요시오(일본의 승려)

3장

두 번째 기회가 주어진다면

인생을 다시 살 수 있다면,

이번에는 더 많이 실수하겠어요.

그리고 더 편안히 살아가겠어요.

더 유연해지고, 이번 여행보다 더 재미있는 일을 잔뜩 하겠어요.

매사를 너무 진지하게 생각하지 않겠어요.

더 많은 위험을 감수하겠어요.

더 많은 산을 오르고, 더 많은 강에서 수영하겠어요.

아이스크림을 더 많이 먹고, 콩은 더 적게 먹겠어요.

어쩌면 문제가 더 많아질 수도 있겠지만
일어나지도 않은 상상 속의 문제는 줄어들 테죠.
저는 항상 얌전히 살아왔고
바보 같은 짓도 조금은 했어요.
만약 다시 태어난다면 바보 같은 일을 더 많이 해보겠어요.
앞날을 생각하며 살기보다 그 순간만을 살아갈래요.
저는 어디에 갈 때마다 철저한 준비를 해야만 했어요.
온도계나 핫팩, 비옷이나 낙하산 없이는 어디로도 나가지 않았으니까요.
만약 삶을 다시 시작할 수 있다면, 조금 더 가벼운 차림으로 여행하겠어요.
봄에는 더 일찍 맨발로 걷고, 가을에는 더 늦게까지 맨발로 다닐 거예요.
춤도 더 많이 춰보고, 더 많이 회전목마를 타고
더 많은 데이지를 딸 거예요.
삶의 매 순간을 더 활기차게 살아갈래요.

이 작품은 미국의 시인 나딘 스테어가 인생의 황혼기인 85세에 쓴 〈인생을 다시 살 수 있다면〉이라는 시입니다.

화자가 후회하는 이유는 '바보짓 하지 말라'는 남들의 말에 휘둘려서입니다. 우리는 남의 시선 때문에, 사회적 분위기 때문에 인생을 유쾌하고 행복하게 살아갈 수 있는 기회를 놓치곤 합니다. 그렇기에 마지막 순간 후회를 하게 되는 것입니다. 하지만 죽음을 바라보고 삶의 유한성을 인정하는 순간 이런 규약은 사라집니다. 정말 중요한 것이 무엇인지, 내가 무엇을 해야 되고 어떻게 해야 되는지 명확해집니다.

이렇듯, 우리는 죽음 앞에서 다양한 깨달음을 얻게 됩니다. 예를 들어봅시다. 세계 역사상 최고의 작가로 꼽히는 러시아의 대문호 도스토옙스키는 어린 시절 아버지와 어머니를 잃고 방황을 한 적이 있습니다. 빚은 빚대로 늘어나고, 사람들에게는 따돌림당하고 무시를 당하기까지 했습니다. 아무런 목적도, 의식도 없이 살아가던 어느 날, 도스토옙스키는 농노 해방 운동에 참여했다가 러시아 황제의 군대에게 체포를 당하게 됩니다. 도스토옙스키는

8개월의 감옥 생활 끝에 총살형을 선고받습니다. 형 집행 직전, 도스토옙스키는 이렇게 생각했다고 합니다.

'만약 내가 죽지 않는다면, 계속 살아갈 수만 있다면 나의 삶은 끝없는 영원처럼 느껴지며 1분이 100년 같으리라. 만약 내가 살 수만 있다면 인생의 1초도 소홀히 흘려보내지 않으리라…….'

신부에게 고해성사를 마치고 머리에 두건이 씌워졌습니다. 병사들이 총을 발포하기 직전, 갑자기 형장으로 마차가 달려오더니 황제가 특사로 죄수들의 형을 감형하였음을 알렸습니다. 사실 황제는 그들을 처형할 생각이 없었고, 사람들에게 본보기를 보이기 위해 일종의 경고를 한 것입니다.

도스토옙스키는 그 이후 완전히 다른 삶을 살게 되었습니다. 마음을 고쳐먹고 방황하지 않게 된 그는 인류 역사상 최고의 문학 작품으로 꼽히는 《죄와 벌》, 《카라마조프가의 형제들》을 쓰게 됩니다.

그의 삶에서 대체 무엇이 달라졌던 걸까요? 그는 자신의 죽음을 마주보고, 후회에 사로잡혔습니다. 정말 죽음이 눈앞까지 찾아오고서야 도스토옙스키는 온전히 '죽음'의 존재를 받아들인 것입니다. 하지만 그는 살아남았고, 덕분에 삶의 소중함을 받아들였습니다. 만약 이런 사건 없이 그저 흘러가는 대로 살고, 써지는 대로 글을 썼다면 우리는 그의 이름을 알지 못했을지도 모릅니다.

그러면 이제 당신에게 질문하겠습니다.

죽음을 마주한 순간, 당신은 어떤 생각에 사로잡힐 것 같습니까? 두 번째 삶이 부여된다면 당신은 어떻게 살아갈 것 같습니까?

나에게 진정으로 중요한 것은 무엇일까?
나에게 진정으로 소중한 사람은 누굴까?
이 두 가지를 진지하게 생각하는 것만으로도
좋은 인생을 살 수 있을 겁니다.

이토이 시게사토(카피라이터, 작가)

<u>4장</u>

시간은 이별을 담보로 한다

이건 독자분께서 보내주신 메일입니다.

'아버지께 맥주를 사드려야겠다.'

어느 월급날 문득 그런 생각이 들었습니다. 가게에서 맥주 한 박스를 사서 부모님 댁으로 갔습니다.

당연히 아버지가 기뻐하시며 곧바로 건배를 외칠 줄 알았는데, 아버지의 반응은 생각과 달랐습니다.

"고마워. 내일 마실게."

'왜 곧바로 마시지 않으시는 거지?'라고 생각하면서 집으로 돌아왔는데, 다음 날 일하는 와중에 전화가 왔습니다. 부모님 댁에서 걸려온 전화였습니다.

"네? 아버지가 진행성 위암이라고요? 남은 시간이 3개월뿐이라고요?"

위장 입구가 암 덩어리로 막혀 있는 상태라 튜브를 통해 영양제를 넣어야 하니 즉시 입원을 해야 한다고 하셨습니다.

"말도 안 돼!"

그 순간의 마음을 표현하자면 이런 말로밖에 표현할 수가 없습니다. 평생 감사하다고 제대로 말씀드리지도 못했는데, 효도조차 하지 못했는데 목전까지 찾아온 아버지의 죽음……. 만약 이런 순간이 찾아온다면 그건 한참 뒤일 거라고 바보처럼 생각하고 있었습니다. 아들이 선물한 맥주를 한 입도 마시지 못하고 이런 순간이 오다니 상상조차 하지 못했어요. "말도 안 돼!" 지금도 이 말밖에 나오지 않아요.

아버지는 지극히 철저한 원칙주의자답게 의사의 진

단대로 3개월 만에 돌아가셨어요. 그 3개월 동안 저는 할 수 있는 최대한 아버지를 열심히 돌봐드렸지만, 아버지의 예정된 죽음을 없는 것으로 만들 수는 없었어요. 순식간에 영원한 이별이 찾아왔죠. '언젠가는 번듯한 아들 노릇을 할 수 있을 거야. 언젠가 할 거야. 그때가 오겠지.' 다짐하며 생각했던 것들 중 무엇 하나도 할 수가 없었어요.

아무리 울고 뉘우쳐도, 아무리 출세를 해도, 아무리 기도해도 안 되는 일이 있습니다. 그건 사랑하는 사람이 이 세상에 남아 있는 시간을 유예시키는 것입니다. '언제든지 할 수 있는 일' 같은 건 세상에 하나도 없는 겁니다. 효도든, 감사하다는 말이든 하려면 지금뿐입니다. 할 수 있는 일은 바로 지금 이 순간에만 할 수 있습니다. 저는 그걸 몸과 마음으로 배웠습니다. 아주 고통스럽게요.

그런데 말이죠, 아버지가 마지막으로 퇴원할 때, 정말 조금이지만…… 제가 사드린 맥주를 조금 마시셨어요.

"맛있네"라고 말씀하시는 아버지의 모습이 유일하게, 조금이나마 위안이 되었던 것 같습니다. 그제야 오랫동안 억누르고 있던 제 감정을 마주할 수 있었어요. 눈물이 멈추지 않더라고요.

언제든지 할 수 있는 일 같은 건 이 세상 어디에도 존재하지 않습니다. 그러니 마음이라는 건 지금밖에 전할 수 없는 겁니다.

"고마워요", "미안해요", "죄송해요", "사랑해요"

후회하기 전에 당신의 진심을 부모님께 전해보십시오.

당신의 소중한 사람들에게도 전해지지 않은 진심을 전해보십시오.

이대로 살아간다면, 반드시 후회하게 될 날이 올 겁니다.

'만약 지금 당장 죽는다면 무엇을 제일 후회할까?'라는 주제로 한 출판사가 설문 조사를 진행했던 적이 있었습니다. 설문 조사에는 이런 응답이 나왔습니다.

죽은 아버지를 용서하지 못했다. (49세 남성)

부모님의 사랑을 깨닫지 못했다. (37세 남성)

자녀들이 어릴 때, 내 자유가 점점 사라지는 것 같아 즐겁게 육아하지 못했다. (48세 여성)

부끄러워서 아내에게 사랑한다고 말하지 못했다.
(52세 남성)

회사 경영에만 필사적으로 힘을 쏟느라 아내를 행복하게 해주지 못했다. (42세 남성)

《부모님이 돌아가시기 전에 해야 할 일 55가지》라는 책에는 부모님과 떨어져 살고 있는 경우 함께 지낼 수 있는 시간을 어림잡아 계산한 내용이 실려 있었습니다. 1년 동안 부모님을 만날 수 있는 시간을 설날과 추석 기간을 합친 6일로 계산합니다. 또한, 하루에 부모와 함께 있는 시간을 11시간으로 계산했습니다. 부모가 60세부터 80세까지 산다고 가정한다면 이런 결과가 나옵니다.

부모의 남은 수명(20년)×1년에 만나는 날의 수(6일)×하루에 함께 있는 시간(11시간)=1,320시간

날짜로 계산하면 고작 55일. 당신이 부모님과 함께할 수 있는 시간은 겨우 2개월 남짓입니다.

삶은 죽음을 담보로 합니다. 이는 우리 주위의 모든 살아 숨쉬는 것이 영원하지 않다는 사실을 의미합니다. 친구, 연인, 아내, 부모님 모두 영원하지 않습니다. 당신이 사랑하고, 증오하고, 관심을 가지고, 아무런 관심조차 없던 모든 것이 사라집니다. 그러니 어쩌면 '잘 산다'는 것은 '죽기 전에 해야 할 일을 마음껏 하고 산다'는 게 아닐까 싶습니다. 그렇다면 죽기 전에 해야 할 일이라는 건 과연 무엇일까요? 멀리 가지 않고 부모님을 예로 들어보겠습니다.

여러분의 어머니는 태어난 지 얼마 되지 않은 당신에게 젖을 물리고, 기저귀를 갈아 주셨습니다. 아기의 기저귀를 갈아주는 건 생각보다 훨씬 힘든 일입니다. 2살이 넘을 때까지 매일 7번 기저귀를 갈아준다면, 기저귀를 무려 6,000번이나 갈아준 것입니다. 부모님은 밤에 당신이 울

면 졸음을 이기고 다가와 부드럽게 달래주시고, 열이 나면 최선을 다해 돌보셨을 겁니다. 분명히 유난히 고된 날도 있었을 겁니다. 그만큼의 사랑을 당신이 철들기도 전에 쏟아주셨습니다.

그러니 오늘만큼은, 아니 오늘부터는 부모님에게 작게나마 감사함을 전해보십시오. 부끄럽다면 직설적으로 말씀을 드리는 대신 간접적으로 마음을 표현해 보아도 됩니다. 더 다정하게 말을 한다든지, 말하는 것을 보다 귀담아 듣는다든지 하는 식입니다.

그리고 나서는 주변 사람들에 대해 생각해 보십시오. 어쩌면 당신은 지금까지 당신을 둘러싼 사람들을 당연하게 생각했을지도 모르겠습니다. 하지만 당연한 건 없고, 우리의 시간은 소중합니다. 이 모든 과정을 통해 당신은 관계를 재정립할 수도, 정말 인생에서 중요하게 여겨야 하는 것이 무엇인지 생각할 수도 있습니다. 그러면 '죽기 전에 꼭 해야 하는 일'이 대단한 무언가가 아닌 지금 당장이라도 할 수 있는 것들이라는 사실을 깨닫게 될 것입니다.

이후에 스스로 던져야 할 질문은 보다 심오한 영역을 다룹니다. 영적인 세계에서는 사실 "나 스스로가 부모를 선택하고 이 세상에 태어났다"라는 말이 있습니다. 만약 그게 사실이라면 당신이 부모님을 선택한 이유는 무엇이었을까요? 당신이 지금 부모님에게 전하고 싶은 진심은 무엇일까요?

오늘은 3일이고, 3일은 1년에 12번 있다.

오늘은 1월 3일. 1월 3일은 1년에 1번뿐이다.

오늘은 2000년 1월 3일.

나의 일생 중에도, 후에도,

전에도, 지구의 역사 중에도,

오늘은 하루밖에 없다.

그러니까 오늘 하루 웃으면서 보내자!

요도가와 나가하루(영화 평론가)

5장

내 인생에 점수를 매긴다면

인생이 마음대로 되지 않아 고민하는 여러분에게 묻고 싶습니다.

살아가는 게 힘드십니까?

네, 힘들 겁니다. 부처님은 약 2,500년 전에 '인생은 고(苦: 마음대로 되지 않아 괴로움)'라는 사실을 깨달으셨습니다. 태어나고, 죽고, 늙고, 아프고, 중요한 일, 모두가 인생에서 마음대로 되지 않는 것입니다.

앞에서 언급한 모든 게 마음대로 되어 질병 없이 200세까지 산다고 가정해 봅시다. 그런데 그만큼 살고 나니 여러분의 부모, 아내, 남편, 연인, 친구, 자녀, 소중한 사람들이 모두 죽어 있습니다. 그럼에도 여전히 행복하다고 생각하십니까? 사실, 마음대로 되지 않고 유한하기 때문에 인생은 흥미로운 것입니다.

축구가 재미있는 이유는 손을 사용해서는 안 되기 때문입니다. 골프가 재미있는 이유는 공을 손으로 꽉 쥐고 구멍에 집어넣으면 안 되기 때문입니다. 왜 마라톤이 감동적인지 알고 계십니까? 42.195㎞를 차로 달려서는 안 되기 때문에 감동을 느끼는 겁니다. 차로 42.195㎞를 달렸다면 '아, 그랬구나'라고 말할 뿐입니다.

어디에 던져도 모두 스트라이크가 되고, 마음대로 되는 볼링장이 있다면 가실 겁니까? "고객님, 저희 볼링장은 고객님이 어디로 던져도 모든 핀이 넘어가도록 되어 있습니다. 마음대로 던져 주셔도 괜찮습니다"라고 말하는 곳에 돈을 내고 가시겠습니까?

삶이 뜻대로만 되면, 사람들은 지루해질 뿐입니다. 그건 게임의 첫 번째 스테이지만 반복해서 클리어하는 것과 다름없습니다.

만약 삶이 무한하다면 어떻겠습니까? 아무도 죽지 않고, 생명이 영원하다면 말입니다.

자연의 모든 것은 순환합니다. 물을 예로 들어봅시다. 하늘에서 내린 비는 땅에 떨어져 강으로 흘러가고 강에서 증발하여 구름이 되고 구름은 비가 됩니다. 이는 사람의 육체도 마찬가지입니다. 우리는 땅에서 나온 것을 먹고, 죽어서 땅으로 돌아가고, 양분이 되어 누군가의 일부가 됩니다.

영원한 생명을 가진다는 건 이 순환에서 벗어난다는 의미입니다. 시간이 속절없이 가고, 우리는 영원히 존재합니다. 세상에는 사람이 넘쳐나고, 우리는 온갖 문제에 맞닥뜨리게 될 것입니다. 끝내고 싶어도 아무것도 끝낼 수 없고, 유한성 속에서 의미를 가졌던 것들은 색을 잃고 말 것입니다. 그런 의미로 보았을 때 죽음은 일종의 축복이기도 합니다.

다시 묻겠습니다.

살아가는 게 힘드십니까?

당연히 힘든 것입니다. 힘들기 때문에 오히려 흥미로운

것입니다. 힘들기 때문에 사람은 바뀔 수 있는 것입니다. 유한하기에 가치를 가지는 것입니다. 죽음은 '삶의 인도자' 입니다. 모든 것이 유한하기 때문에 비로소 가치를 가지게 되고, 이를 받아들여야만 정말 중요한 게 무엇인지, 내가 어떻게 마지막 날 후회 없이 눈을 감을 수 있는지 생각하게 됩니다.

그리고 하나 더, 여러분에게 전하고 싶은 삶의 진실이 있습니다. 그건 바로 얼마나 어려운 일이 앞으로 닥쳐도, 여러분에게 극복할 수 없는 문제는 일어나지 않을 것이라는 사실입니다. 이 자리에서 그렇게 단언하겠습니다. 그 이유를 설명해 보겠습니다.

지금부터 말씀드릴 건 제가 심리 치료를 공부할 때 배운 기법으로, 충분히 연습한다면 즉각적으로 불안을 완화시킬 수 있습니다.

예를 들어 직장 상사가 여러분에게 해본 적 없는 일을 시킨다고 가정해 봅시다. 해본 적 없는 일을 맡은 데다가 자신도 없는 당신은 극심한 불안을 느낍니다. 그때, 자기 자신에게 다음과 같은 질문을 하는 겁니다.

"과거에 겪었던 가장 큰 불안의 수치를 10점이라고 친다면, 지금 겪고 있는 이 불안은 몇 점일까?"

예전에 가장 불안했던 순간을 10점으로 친다면, 이번 불안은 8점 정도일 것입니다.

그럼 아직 2점 정도는 여유가 있지 않습니까?

예전에 가장 불안했던 순간을 10점으로 친다면, 이번 불안은 6점 정도일 것입니다.

그럼 아직 4점 정도는 여유가 있지 않습니까?

이런 식으로 '지금의 불안은 몇 점짜리일까?'라는 질문을 던지면, '불안'이 3초 안에 '여유'로 바뀝니다. 도식으로 나타내면 이렇습니다.

불안→3→2→1→여유

불쾌한 감정을 이렇게 숫자와 도식으로 표현하면, 그 감정을 객관적으로 바라볼 수 있게 됩니다. 그러면 불쾌한 감정이 자연스레 나를 떠나게 됩니다.

그리고 여기서부터가 이 이야기의 본질인데, 사실 우리는 이미 극한의 역경을 뛰어넘었습니다. 그 역경이란 바로 우리가 태어난 순간입니다. 좁은 산도를 지나 아기가 세상에 나올 때, 약 1.5톤의 압력이 몸에 가해진다고 합니다. 일종의 출산 쇼크라고도 할 수 있을 겁니다. 스페인의 투우사가 감당해야 하는 소의 무게가 약 1톤 정도니 1.5톤의 압력이 얼마나 충격적인지 알 수 있을 겁니다. 우리는 두개골이 휘어지는 아픔을 이겨내고 산도를 통과해 태어난 것입니다. 최근에 두개골이 휘어지도록 힘든 역경은 없지 않았습니까? 인생에서 여러 어려운 일이 벌어지겠지만, 가장 힘들었던 일은 이미 극복했습니다. 태어날 때의 고통을 '10'으로 한다면, 태어난 후에 일어나는 일은 모두 '9' 이하입니다. 그렇다면 우리는 모든 역경을 뛰어넘을 수 있다는 뜻 아니겠습니까?

인생에서 극복할 수 없는 문제는 일어나지 않습니다. 왜냐하면 태어나는 것보다 더 어려운 일은 이 세상에 없기 때문입니다. 이제는 마음껏 살기만 하면 됩니다. 삶의 마지막 날이 올 때까지 말입니다. 정말 중요한 게 무엇인지 생각하며, 하고 싶은 것은 모두 해보는 겁니다.

그렇다면 다시 물어보겠습니다. 지금까지의 인생을 100점 만점으로 평가한다면, 지금 당신의 인생은 몇 점일 것 같습니까? 60점이나 70점일까요? 다음 장에 적어 봅시다.

이제 여기에 여러분 삶의 점수를 매겨보겠습니다.

점수 :　　　　　　　점

삶의 점수가 10점 올라간다면,

그 이유는 무엇이라고 생각하시나요?

어떤 시간을 어떻게 사용하고, 어떤 마음가짐을 가지고,

어떤 습관을 가진 덕분에 10점이 올라갔을까요?

이 연속적인 질문에 대한 깨달음을 적어두십시오.

죽을 각오로 해라.

죽지 않으니.

스기무라 타로(기업가)

6장

잃고 나서야 깨닫는 것들

몇 시간째 계속되는 심폐소생술 시도……. 구급차에 실려 온 젊은 남자는 아침까지만 해도 평범하게 사무실에서 업무를 보고 있었습니다. 그런데 갑자기 쓰러지더니, 지금은 숨을 쉬지 않는다고 합니다. 의사와 간호사는 이 남성을 살리기 위해 땀을 뻘뻘 흘리며 심폐소생술과 인공호흡을 시도했습니다. CT 검사 결과, 지주막하출혈*이었습니다. 1시간이 지나가고, 2시간이 지나갑니다. 안타깝

* 동맥류가 터지며 뇌를 둘러싸는 거미막 밑에 피가 고이는 질환.

게도 환자의 심박과 호흡은 다시 돌아오지 않았습니다.

그때, 남자의 가족이 황급히 그곳에 도달했습니다. 젊은 여성과 작은 소녀. 언제나 그랬듯, 남자는 손을 흔들며 출근을 했다고 합니다. 아직 유치원생인 딸은 상황을 이해하지 못하고 활짝 웃고 있습니다.

"아빠, 뭐 하는 거야? 아빠!"

대답이 없습니다. 딸은 아직도 웃고 있습니다. 아빠가 장난을 치는 거라고 생각한 모양입니다. 얼마나 지났을까, 딸이 갑자기 소리를 지릅니다.

"아빠! 아빠!"

그제야 딸이 상황을 이해한 것입니다. 아빠는 이제 더 이상 돌아오지 않을 것이다. 이는 말기 환자의 증상 완화를 전문으로 진료하며 약 1,000명의 죽음을 차례로 지켜본 의사 오츠 슈이치 씨의 실제 경험담입니다. 오츠 씨는 어떻게든 눈앞의 생명을 살리고 싶었습니다. 하지만 불가능했습니다. 사망 선고를 마치고 방으로 돌아가는 길에, 후배 의사가 울부짖었습니다.

"의사가 다 뭐예요? 이런 목숨을 구하기 위해서 우리는 의사를 하는 게 아닌가요?"

오츠 씨는 이렇게 답했습니다.

"우리가 할 수 있는 건 다 했어. 그러니 기억해 둬. 오늘 무사히 살아 있을 수 있다는 건 사실 엄청나게 행복한 일이야. 자신의 부모님이 건강하다면, 그것 또한 행복한 일이고."

사랑하는 사람이 죽지 않고, 오늘도 살아 있는 것보다 더 큰 행복이 뭐가 있을까요?

살아 있다는 것은 사랑하는 사람을 만날 수 있다는 것입니다. 만나서 그 사람을 느낄 수 있다는 것이고요. 정말 이보다 더 큰 행복이 뭐가 있을까요? 당신이 소중히 여기는 사람들도 마찬가지로, 당신이 살아 있다는 사실만으로도 행복을 느끼고 있을 것입니다. 행복의 본질은 서로가 함께 있는 것, 즉 서로의 존재 자체에 있습니다. 10억 원을 주겠다고 해도 사랑하는 사람과 만날 수 없다면 그걸 행복한 삶이라고 할 수 있을까요?

사람들은 소중한 존재를 잃은 후에야 비로소 자신이 행복했다는 사실을 깨닫게 됩니다.

하지만 당신은 이미 잃지 않고도 깨달았겠죠?

할 수 있는 놈이 노력하지 않는 걸 보면 멱살을 붙잡고

'나랑 바꿔!'라고 말하고 싶어진다.

23세에 백혈병으로 사망한 유우키 씨가 생전에 남긴 말

7장

현명한 어부는 바다를 원망하지 않는다

당신에게 '절대 잃고 싶지 않은 것'은 무엇인가요? 저의 경우에는 다음과 같습니다.

1. 가족
2. 친구
3. 글 쓰는 일
4. 지금까지 쓴 책들
5. 미야시타 타카히로* 씨가 만든 옷

* 일본의 패션 디자이너.

여러분은 어떤가요?

잃고 싶지 않은 것을 5가지 생각해 보십시오.

꼭 5가지를 생각한 후에 다음 페이지로 넘어가 주십시오.

1.

2.

3.

4.

5.

……그런데 그거 아시나요? 당신이 죽는 날에, 당신은 이 모든 것을 잃게 될 것입니다.

어느 날, 친구가 제게 물었습니다.

"히스이, 야마다 마을에 밥이나 먹으러 가지 않을래?"

야마다 마을은 동일본 대지진 때문에 발생한 쓰나미의 여파로 마을이 통째로 떠내려가버린 곳입니다. 그런데 그 곳으로 밥이나 먹으러 가자고 친구가 물은 겁니다.

"야마다 마을은 정말 대단해. 이번 지진으로 마을 사람들이 무언가 깨달음을 얻은 것처럼 놀라운 이야기를 하고 있어."

그래서 우리는 야마다 마을에 가게 되었습니다. 처음으로 우리를 맞아주신 것은 어부 할아버지였습니다. 초면에 갑자기 신선한 굴과 홍합을 푹 실어 주셨습니다. "먹어봐, 먹어봐"라며 어부 할아버지가 말했습니다.

"여기 사는 친구들은 다 집도 쓸려가고, 일거리도 없어졌어. 하하하하하."

그 말과 어부의 얼굴을 보고 깜짝 놀랐습니다. 집이 쓸려가고도 이렇게 밝게 웃을 수 있다니, 일이 없어졌는데 이렇게 밝게 웃을 수 있다니.

웃음이 끊이지 않는 야마다 마을의 사람들. 약 1시간

이 지난 후, 저는 그 노인에게 이렇게 물어보았습니다.

"어떻게 이렇게 빨리 일어나실 수 있었죠?"

질문을 받은 노인의 미소가 순간적으로 굳었습니다. 잠시 후, 노인은 입을 열었습니다.

"내가 훌훌 털고 일어났다고 생각하나?"

아차! 이런 멍청한. 나는 얼마나 무례한 질문을 한 거지……. 노인은 다음과 같이 말을 이어나갔습니다.

"슬퍼할 필요 없어. 고개만 숙이고 있으면 아무것도 시작할 수 없잖아. 지금은 앞을 보는 수밖에 없어. 억지로라도 웃을 수 있는 사람은 앞으로 나아갈 수 있어."

나중에 알게 된 것이지만, 어부 할아버지는 동생을 지진으로 잃으셨던 분이었습니다. 하룻밤 만에 집을 잃고, 일을 잃고, 가족을 잃었지만, 억지로라도 웃으며 앞으로 나아가려는 분들이 야마다 마을에 계셨습니다.

우리가 마을을 방문한 날 밤에는 어부들뿐만 아니라 생선가게 주인, 슈퍼마켓 사장, 레스토랑에서 일하던 셰프 등 젊은 분들도 모임에 참석해 주셨습니다.

슈퍼마켓 사장님은 제게 이렇게 말했습니다.

"절대로 울지 않겠다 마음먹고 다음 날부터 일을 재개했어요. 마을 사람들에게 도시락을 나눠주고 다녔고, 지진이 지나가고 4일째가 되는 날에는 폐허가 된 슈퍼마켓 옆 주차장에서 임시 가게를 열었죠."

또 어떤 분은 이렇게 말했습니다.

"야마다 마을 사람들을 보면 힘내라는 말을 할 수가 없어요. 왜냐하면 이미 모두가 힘을 내고 있으니까."

어떤 어부는 이렇게 말했습니다.

"먹고살기 어렵다고 이 일을 그만둘 생각은 없어."

가게가 통째로 휩쓸리는 바람에 집에서 식품 가공 사업을 재개한 어떤 사장은 이렇게 말했습니다.

"바다를 원망하지는 않아요. 여태 바다가 우리에게 얼마나 은혜를 베풀어 주었는지를 깨달았을 뿐이에요. 이제라도 이렇게 일하게 되어서 지금은 일이 즐겁고 감사한 마음밖에 없어요."

먹을 것이 없어 산속까지 들어간 끝에 도토리를 찾은 순간 '이제 뭐가 되든 먹고 살아갈 수 있겠구나'라고 생각한 사람도, 야마다 마을을 정말 좋아하는 어린이들을 위해 다음 달에 이탈리안 레스토랑을 열 계획을 짜고 있다는 사람도 있었습니다. 깊이 이야기를 들어보니 레스토랑을 연다는 분은 지진으로 아내를 잃은 분이었습니다. 심지어 1층은 쓰나미로 완전히 파괴되었고, 2층도 허물어졌지만 3층에 이발소를 다시 개업한 사람도 있었습니다.

"자기 일로 고민할 수 있는 게 행복이야."

"재미없는 걸 하고 있다고 생각해서 삶이 불행했던 거야. 재미없는 일을 하고 있다고 생각해서 삶이 불행했던 거야."

"모든 걸 잃고 나서야, 행복에는 사실 아무것도 필요 없다는 사실을 깨달았어요."

"괜찮으니까 힘내는 게 아니야. 힘을 내니까 괜찮아지는 거야!"

사람들이 해준 말 한마디 한마디가 마음에 찌르듯 와닿았습니다. '삶의 의지를 얕보지 마'라고 말하는 듯한 느낌이었습니다.

우리는 100년 후에 이 지구에 남아 있지 않을 것입니다.

언젠가 살면서 얻은 것을 모두 놓아버려야 할 날이 올 것입니다. 어제 얻은 것도, 내일 얻을 것도 모두 놓아야 합니다.

소중한 가방을 잃어버리셨습니까? 그렇게 슬퍼하실 필요 없습니다. 그 가방은 언젠가는 잃어버릴 것이었기 때문입니다. 그렇게 생각하면, 인생이 무언가를 얻기 위해 살아가는 것이 아님을 깨닫게 됩니다.

천국으로 떠나는 그날까지 마음껏 살아가는 것. 그럼으로써 행복을 느끼는 것. 그것이 인생입니다.

추위 속에서 가족을 잃고, 집을 잃고, 일을 잃은 사람들조차 앞으로 나아가고 있었습니다. '고개만 숙이고 있으면 아무것도 시작되지 않으니까, 웃다 보면 행복이 찾아오는 거야'라고 말하며 웃고 있었습니다.

인간에게는 이렇게 놀라운 힘이 숨겨져 있습니다. 당신에게도 이렇게 놀라운 힘이 숨겨져 있습니다.

이 놀라운 힘을 발휘하지 못하고 죽는다면 인생에 어떤 의미가 있겠습니까?

어차피 죽는다면, 자신의 무한한 가능성을 확인해 보고 죽는 게 낫지 않겠습니까?

후일담입니다.

야마다 마을 사람들의 이야기를 직접 듣기 위해 친구가 도쿄에서 강연회를 열었습니다.

마침 스태프 중 한 명이 생일이어서 그날 2차 회식 자리에서 술을 선물받았습니다. 술병이 너무 예뻐 뚜껑 따기를 망설이던 순간, 야마다 마을 사람 중 한 명이 웃으며 말했습니다.

"뚜껑 안 따요? 가만히 두다 보면 쓰나미가 가져가버릴 거예요."

이게 지금 이 순간을 살아가는 삶의 방식입니다.

사람은 죽을 준비가 되어야
비로소 자유롭게 살 수 있다.

마하트마 간디(인도의 정신적 지도자)

8장

죽음 앞에서는 고민조차 추억이 된다

만약 여러분이 하룻밤 사이에 10억 원의 빚을 지고, 법정싸움에 휘말리고, 목숨마저 위협당하는 상황이라면 여전히 평정심을 유지할 수 있을까요?

사실, 그런 상황에 처했음에도 삶을 즐기던 남자가 있습니다. 에도 막부 시대의 혁명가, 사카모토 료마입니다. 의기양양하게 무역 회사 해원대를 세운 료마는 당시 32세였습니다. 그런데 첫 항해에 나선 해원대의 배 '이로하마루'는 귀족 가문 기슈번의 증기선 '메이코마루'에 충돌하게 됩니다. 이로하마루에 타고 있던 승무원들은 메이코마루에 구조되어 목숨은 건졌지만, 배는 침몰하게 됩니다. 료마와 그 동료들은 메이코마루의 과실을 주장했습니다.

그러나 상대는 에도 시대의 귀족 가문 중 하나이자 천하의 도쿠가와 이에야스의 후손 가문인 기슈번이었고, 해원대는 떠돌이 무사들이 만든 집단으로 사실상 비정규직 아르바이트생들이 모여 만든 팀이었습니다. 도쿠가와 이에야스의 후손인 귀족 가문과 비정규직 아르바이트생들의 싸움. 사실상 이길 가능성은 없었습니다. 그냥 참을 수밖에요. 그러나 료마는 포기하지 않았습니다. 그렇다면 료마는 어떻게 했을까요?

그가 찾아낸 방법은 바로 노래를 부르는 것이었습니다. 선박을 침몰시킨 배상금을 받기 위해 직접 가사를 쓰고 작곡을 해 사람들에게 퍼뜨린 것입니다. 노래는 기슈번이 선박을 침몰시켰으니 돈이 없다면 영지라도 빼앗겠다는 내용으로, 료마는 노래를 만들어 사람들의 이목을 끌고 상대가 책임을 회피할 수 없게 만들었습니다. 또한 료마는 대등한 위치에서 법적 절차를 밟기 위해 정부가 주도

하는 법이 아닌 만국공법이라는 국제법을 제안했습니다.

각고의 노력 끝에 협상을 위한 장이 열렸습니다. 료마의 동료들은 칼을 찬 채 협상장에 들어왔고, 료마를 강하게 책망하고 몰아붙였습니다.

"료마, 뭘 멀뚱히 그러고 있나! 기슈번 따위, 영지 통째로 가져오면 된다."

그러자 기슈번 사람들은 이렇게 생각하기 시작했습니다.

'저 녀석들은 리더인 료마도 저렇게 괴롭히는데, 잘못 건드렸다가는 우리도 위험할지 모른다.'

하지만 사실 이건 료마의 전략이었습니다. 협상에 동행한 해원대 멤버들에게 일부러 칼을 채우고 자신을 몰아붙이게 하여 상대의 기를 죽인 것입니다.

사고 1개월 후, 기슈번은 료마에게 현재의 한화 약 10억 원에 달하는 돈을 지불했고, 사건은 마무리되었습니다.

이렇게 많은 돈을 받을 수 있었던 이유는 화물선에 미니에 라이플 400자루를 실었다고 주장했기 때문입니다. 그러나 지금까지도 미니에 라이플은 물론 부품 하나조차 찾지 못했습니다. 즉, 료마는 헛소리를 지껄여서 배에

싣지도 않은 총의 돈까지 받아낸 셈입니다. 료마와 기슈번이 협상한 장소는 현재 여관이 되어 있으며, 저는 최근에 그곳에서 묵었습니다. 이른 아침, 료마가 협상한 그 장소에서 가부좌를 한 채 조용히 눈을 감았습니다. 가만히 명상을 하고 있자니, 어쩌면 료마는 인생을 깔봤던 것이 아닐까, 하는 생각이 들었습니다.

자신의 배가 침몰하고, 배상금을 받기 위해 노래를 만들어 부르고, 커다란 위기 앞에서 세계를 향해 시야를 돌려 만국공법이라는 묘수를 찾아내고, 법정에서는 동료에게 괴롭힘을 당하는 연기를 하고. 마지막에는 헛소리를 지껄여 돈까지 두둑히 받아냈습니다. 이런 짓은 삶을 심각하게 받아들였다면 전혀 할 수 없는 행동입니다. 생각이 늙었다면 절대로 떠올릴 수 없는 아이디어입니다. 료마는 자신 앞에 놓인 삶을 마음껏 깔봤습니다. 좋은 의미로 말입니다.

뭐라도 좋으니 일단 용기를 내서 시도해라.
어느 쪽으로 쓰러지든 사람은 길거리의 돌멩이가 될 뿐.
마지막에는 뼈가 되어 삶을 마무리하게 되는 것이다.
그러니까 과감하게 도전하라.

이것은 료마가 생전에 남긴 말입니다. 이 말 그대로 료마는 어떤 상황에서도 심각해지지 않았고, 모험하듯이 인생을 살아갔습니다. 이렇게 살아가는 게 가능했던 이유는 인간은 마지막에는 뼈가 되는 존재, 즉 언젠가는 죽는 존재라는 사실을 료마가 항상 마음 한가운데에 간직하고 있었기 때문입니다. 또한 우리에게 주어진 시간은 한정적이니, 후회 없이 살아야 한다는 생각이 뿌리내려 있었기 때문입니다. 료마는 한창 감수성이 풍부한 나이인 12살에 어머니를 여의고, 8년 후에는 아버지까지 여의었습니다. 그렇기에 료마는 인간이 반드시 죽는 존재임을 뼈아프게 알고 있었습니다. 어떤 연극단에서는 료마의 일생을 주제로 공연을 할 때 이 장면을 이렇게 연출했습니다.

어머니를 여의어 울고 있는 료마에게 누나인 오토메가 묻습니다.

"료마, 사람은 모두 죽어. 어차피 죽을 거면 태어나지 않는 게 좋았을 텐데. 그런데도 사람은 태어나는 거야. 이유가 뭘까?"

대답할 수 없는 료마에게 오토메가 말합니다.

"모두 그 이유를 찾아가며 살아가는 거야. 료마도 찾아야 해. 이 세상에 태어난 의미를."

지갑을 떨어뜨리면 사람들은 필사적으로 찾습니다. 휴대전화를 떨어뜨리면 사람들은 필사적으로 찾습니다. 하지만 자신의 마음을 잃어버리면, 사람들은 중요한 걸 잃어버렸다는 사실을 인지조차 하지 못합니다.

언젠가 죽음이 찾아온다는 사실을 가슴속에 선명히 새긴다면 당신은 후회하지 않고 살아갈 수 있을 것입니다. 후회하지 않고 살아간다면, 삶은 모험이 됩니다. 마지막에는 뼈만 남을 뿐입니다. 인생은 5만 년이 아닙니다. 몇십 년뿐입니다.

그럼, 후회 없이 마음껏 살아보십시오.

괜찮습니다.

생의 마지막 날 오늘을 돌이켜보면, 지금 당신이 품고 있는 고민조차 추억이 될 겁니다.

즉, 지금 당신은 '그리운 추억' 속에서 고민하고 있는 것입니다.

지금 고민하고 있는 자기 자신이 바보처럼 느껴지지 않습니까?

나이가 들수록 해보지 않았던 것에 대해서만
후회한다는 사실을 발견하게 될 것이다.

자카리 스콧(영화 배우)

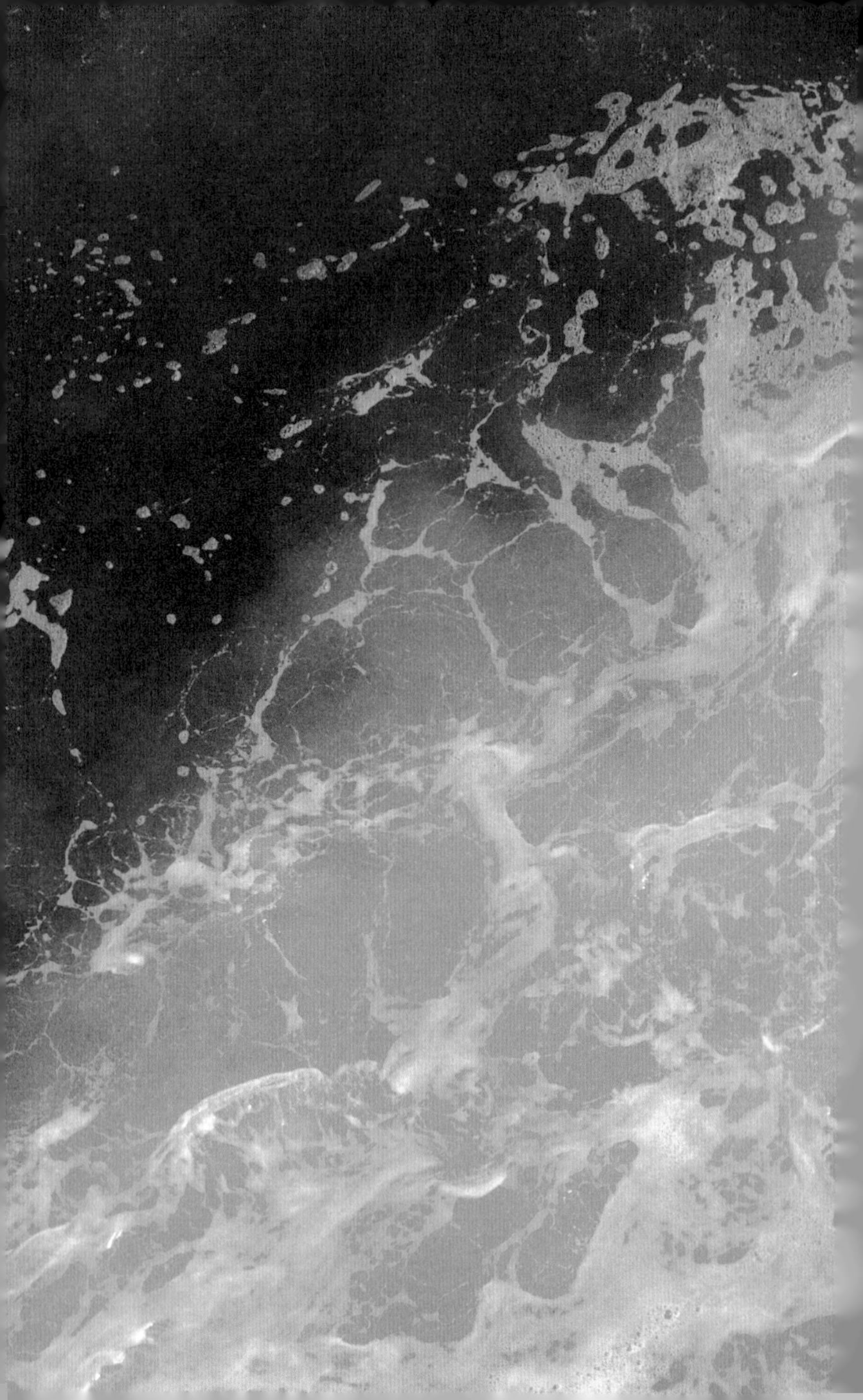

2부

끝을 정하는 건 운명인 줄 알았는데, 모든 건 내 선택이었다

9장

어느 날 아침, 눈을 떠보니 기적이 찾아왔다

삶의 끝이 결국 죽음으로 마무리된다면 우리는 무엇을 하며 살아가야 할까요? 무엇을 해야 보람을 느낄 수 있을까요? 이를 찾는 건 어쩌면 평생의 과업일지도 모릅니다.

예를 들면 제 친구인 담바 아키야 씨는 가능한 한 오랜 시간 동안 북극곰과 함께하고 싶어서 사진작가가 되었습니다. 북극곰을 만나기 위해서는 많은 수고가 필요합니다. 비용은 일반적인 여행의 3배가 넘게 드는 데다가 직항편이 없어 비행기를 3번 갈아타야 하고, 마지막에는 프로펠러 비행기를 타야 합니다. 15시간이 넘는 비행 끝에 도착한 캐나다 처칠은 평균 온도 영하 26도인 극한의 땅입니다. 아키야 씨는 매년 그곳에 방문해 야생 북극곰 사진을 찍습니다. 힘든 여정이지만 제 친구에게 북극곰 사진을 찍는 것은 가슴이 두근거리는 순간이기 때문입니다. 그렇다면 이쯤에서 당신에게 물어보고 싶습니다.

"어떤 삶을 살아가야 삶의 마지막 날에 후회 없이 살았노라고 말할 수 있을까요?"

사람은 누구나 진정으로 가슴이 두근거리는 순간에 행복을 느낍니다. 진정으로 가슴이 두근거리는 순간은 자신이 하고 싶은 일을 마음껏 하는 순간입니다. 하지만 우리는 대부분 돈벌이 때문에, 혹은 다른 이유 때문에 자신이 진정으로 원하는 일을 하지 못하거나, 찾지 못합니다. 그렇기에 죽기 전, 우리는 후회하게 되는 것입니다. '그때 이렇게 할걸', '그러지 말았어야 했는데', '조금 더 모험하며 살았어야 했는데'라고 말입니다. 따라서, 후회 없이 행복하게 살기 위해서는 우선 이렇게 물어봐야 합니다.

어떻습니까? 가슴 뛰는 삶을 상상할 수 있고, 살아갈 수 있다면 인생의 마지막 날에 후회는 없을 것입니다. 괴롭고 복잡해 보이는 삶이 보다 간단해지는 것입니다. 하지만 답을 찾기 어려운 분들도 있을 것입니다. 그런 분들을 위해 '미라클 퀘스천Miracle Question'이라는 방법을 소개해 드리겠습니다.

자, 한 번 상상해 봅시다. 어느 저녁, 기적이 당신에게 찾아와 모든 소망이 이루어졌다고 치는 겁니다. 당신은 기적이 당신에게 찾아온 것을 알지 못한 채 아침에 눈을 뜨고, 평소처럼 하루가 시작됩니다.

이것이 미라클 퀘스천의 전제입니다. 이제 다섯 가지 질문을 드리겠습니다.

1. 당신에게 기적이 일어났음을 어떻게 알아차리게 될까요?

예시: 방의 구조가 더 개방적으로 변했고 크기도 커졌다. 몸이

이상할 정도로 개운하고 창문 커튼이 깔끔해졌다.

2. 기적이 일어난 후, 당신은 평소와 달리 어떤 행동을 하게 될까요?

예시: 평소에는 아침 식사를 하지 않았는데 오늘은 가족과 함께 둘러앉아 아침 식사를 한다.

3. 기적이 일어났을 때, 당신의 가족이나 친구들은 당신을 어떻게 대할까요?

예시: 어머니 아버지가 자신의 일처럼 기뻐하며 나를 반갑게 맞아주고, 친구가 함께 여행을 가자며 연락을 한다.

4. 기적의 하루는 평소의 하루와 비교했을 때, 어떻게 다를까요?

예시: 출근하는 길에 마주치는 사람 모두에게 웃으며 인사를 하고, 저녁에는 좋아하는 카페에 간다. 마침 가장 편안한 자리가 비어 있다. 음료를 시키고 느긋하게 가져온 책을 읽는다.

5. 1~4번 중에서 지금의 당신이 쉽게 할 수 있는 일은 무엇인가요?

예시: 가족들과 아침 식사를 한다.

이 다섯 가지 질문에는 '즐겁게 행동한다'와 같은 추상적이고 감정적인 답이 아닌 영상화할 수 있을 만큼 구체적인 답을 적어주십시오. '즐겁게 행동한다'와 어떤 행동이나 말이 즐겁게 보이는지에 대한 답을 내야 합니다. 혹시 장면이 잘 떠오르지 않을 때는 '분명히 이런 느낌일 것 같아'라고 자신만의 상상을 해보십시오.

미라클 퀘스천에서 가장 중요한 것은 '사소한 차이'까지 관찰하는 것입니다. 예를 들면 이런 식입니다.

'커튼의 색이 더 밝아졌다'

'베개가 방금 건조를 마친 것처럼 부드럽고 따스하다'

'사람들이 내게 평소보다 큰 소리로 인사한다'

'평소와는 달리 예쁜 목걸이를 착용하고 있다'

'분명히 같은 방에서 일어났는데, 누군가 새벽에 몰래

청소를 한 것처럼 사방이 말끔하고 환해 보인다'

'시끄러운 출근길의 소음이 들리지 않고 사람들의 웃음 소리와 기분 좋게 떠드는 소리가 들린다'

'평소에 사고 싶었지만 가격 때문에 사지 못했던 옷을 입고 있다'

이렇게 '미래에 행복해진 자신의 모습을 구체화'하고 '미래에 꿈을 이룬 순간 느끼는 자신의 감정'을 결합합니다. 이런 방식으로 '꿈을 이룬 하루'를 명확히 정의한 후, 그 안에서 현재의 자신이 쉽게 할 수 있는 일부터 실천하시면 됩니다. 사실, 이게 미라클 퀘스천의 전부입니다. 이렇게 하면 자신이 바라는 삶이 어떤 모습인지 느끼게 되고, 목적을 이루기 위해 더욱 노력하게 됩니다.

이 미라클 퀘스천은 심리 치료사이자 저의 친구인 스즈키 씨가 알려준 것입니다. 그는 야노 소이치* 선생님의 심리 요법 강의에서 이 미라클 퀘스천을 배웠을 때, 바다

---

* 일본의 심리 카운슬러.

가 보이는 넓은 집에서 일어나는 것으로 '기적의 하루'를 시작했다고 합니다. 그리고 지금은 작가로 데뷔하여 집필 활동도 하고, 학교에서 강의도 하고 있습니다. 그는 기적의 하루를 시작할 때, 개와 함께 근처 해변을 산책하며 미래에 행복해진 자기 자신을 떠올렸다고 합니다.

당시만 해도 그는 심리 치료를 배우기 시작한 새내기 회사원이었습니다. 그래서 강아지와 함께 근처 해변을 산책하는 것조차 일종의 백일몽 같았다고 합니다. 상황이 이러니 책을 쓰는 것, 학교에서 강의하는 것, 큰 집을 가지는 것은 그야말로 헛된 망상일 뿐이었습니다. 그만큼 아득하고 먼 이야기였다는 것입니다. 그래도 놓지 못한 작은 소망이라면, 요코스카로 이사를 가서 바다가 보이는 아담한 방에 살고 싶다는 것뿐이었습니다.

하지만 그는 꿈꾸는 것에서 그치지 않고 바라는 바를 실행에 옮겼습니다. 그리고 책을 쓰기 시작했습니다. 그러나 출판사에서 의뢰받은 게 없으니, 갑자기 책을 쓸 수는 없었습니다. 그래서 소책자를 만들고 웹 사이트에서 홍보를 했습니다. 우연히 그것을 본 학교 선생님으로부터 강연 요청이 오게 되어 하나의 꿈이 실현되었습니다. 이 와중에 어쩌다 참석한 세미나에서 만나 이야기를 하게 된 저와 그는 함께 책을 쓰기로 결심했습니다.

그래서 어떻게 됐을까요? 스즈키 씨는 이제 인기 있는 심리치료 전문가로, 넓은 집에서 반려견과 함께 행복한 시간을 보내고 있습니다. 미라클 퀘스천을 실행하고, 딱 1년 10개월 만에 꿈이 이루어졌다고 합니다.

이상적인 삶을 머릿속에 그리고 목적을 향해 달려가는 것만으로 당신의 인생은 바뀔 수 있습니다. 아무것도 하지 않은 채 시간을 보내는 당신과 목적을 달성하기 위해 노력하는 당신. 인생의 마지막 날에 당신은 후회하고 싶습니까, 만족하고 싶습니까? 꿈을 상상하는 것만으로도 심장이 쿵쾅거린다면 그것이 마음의 제트 엔진이 될 것입니다. 그 후로는 결심한 모든 일이 이루어진 것처럼 조금씩 걸음을 내딛기만 하면 됩니다. 그렇게 해서 이뤄낸 일들이 쌓이고 쌓인다면 당신의 삶에 후회란 남지 않을 것입니다.

그러니 계속 발을 내딛어 보십시오. 그러면 꿈은 의외로 쉽게 이뤄질 겁니다. 되고 싶은 자신이 진짜 자신인 겁니다. 진짜 자신이 되어 하고 싶은 것들을 하면서 후회 없이 살아가십시오.

그럼 지금부터 미라클 퀘스천을 시작해 봅시다. 질문을 보고 공란에 당신의 꿈을 적어보시면 됩니다.

1. 당신에게 기적이 일어났음을 어떻게 알아차리게 될까요?

2. 기적이 일어난 후, 당신은 평소와 달리 어떤 행동을 하게 될까요?

3. 기적이 일어났을 때, 당신의 가족이나 친구들은 당신을 어떻게 대할까요?

4. 기적의 하루는 평소의 하루와 비교했을 때, 어떻게 다를까요?

5. 1~4번 중에서 지금의 당신이 쉽게 할 수 있는 일은 무엇인가요?

인생은 두 번 다시 없다.

모리 신조(교육철학자)

10장

방황하는 사람, 모험하는 사람

"아, 방금 별똥별이 지나갔어요!"

별똥별은 언제나 갑작스레 나타납니다. 사람들은 흔히 '지나가는 별똥별에 소원을 빌면 이루어진다'라고 합니다. 당신은 그 순간을 놓치지 않고 별에게 소원을 빈 적이 있습니까?

별똥별에 소원을 빌면 이루어진다는 말에는 사실 타당한 이유가 있습니다. 별똥별이 나타나는 순간에 소원을 빌 수 있다는 것은 자신이 무엇을 이루고 싶은지 명확하게 정해져 있다는 것입니다. 목적지가 뚜렷하니, 그만큼 목적지에 도달할 가능성이 높을 수밖에 없습니다.

과거에는 말 외에 교통수단이 없고, 그마저도 가지고 있는 사람이 적었기 때문에 대부분의 사람들은 걸어서 이동을 해야만 했습니다. 표지판 같은 건 거의 없었으며, 지금처럼 도로가 발달하지 않은 시대였습니다. 산을 타고 강을 건너는 동안 산적과 맹수를 만나며 죽을 고비를 넘기기도 했고, 배가 없어 몇날 며칠 동안 발이 묶여있기도 했습니다. 하지만 시간이 오래 걸리더라도 방향만 알고 있다면 언젠가는 도착할 수 있었습니다.

인생도 마찬가지입니다. 당신이 가고 싶은 방향을 안다면, 언젠가 그곳에 도착할 수 있습니다.

진심으로 도달하고 싶어 바라보는 곳, 그곳이 마음의 북극성입니다.

가장 중요한 것을 알아야만 그곳을 향해 나아갈 수 있고, 거기에 삶을 걸 수 있습니다. 그런데 여기에서 거꾸로 생각해 봅시다. 모든 삶은 시간의 문제이기 때문에 지금까지 어떤 것에 가장 많은 시간을 썼는지를 다시 살펴본다면 무의식 중에 중요하게 여겼던 것을 찾아낼 수 있습니다. 제 경우에는 원래 성격이 어두웠기 때문에 어떻게 생각하고 어떻게 사물을 보아야 밝고 즐겁게 살 수 있을지에 대한 탐구를 하느라 많은 시간을 소비했습니다.

또한, 저는 영업자와 광고 작가로 일했기 때문에 사람에게 무언가를 '전달하는 것'이 중요하다고 생각했습니다. 또한 작가로서 '쓰는 것'에도 많은 시간을 투자하고 있습니다. 삶은 곧 시간이기 때문에, 저는 앞서 나열한 것들에 제 인생을 걸었다고 말할 수 있습니다. 지금까지 사용한 시간을 돌이켜보면 알 수 있는 저의 강점은 '사물을 이해하는 것×전달하는 것=사물을 이해하는 방식을 전달하는 것'입니다. 그리고 이것이 바로 마음의 북극성, 제가 평생 향하고 싶은 방향입니다. 이것을 깨달은 순간, 저는 후회 없이 살아가기 위해서는 어떻게 해야 할지 비로소 알 수 있었습니다.

여러분도 어떤 사람으로 기억되고 싶은지 스스로에게

물어보는 것에서 시작하십시오. 질문의 답이야말로 인생에서 당신이 가장 중요하게 생각하는 것입니다. 어떤 게 인생에서 중요한지 명확해지면, 당신 삶의 목적도 명확해집니다. 삶의 목적이 명확해지면 앞서 누누이 말씀드렸던 후회 없는 삶이 무엇인지 알 수 있습니다. 그리고 목적지에 도달했을 때, 다음 목적지가 그려집니다. 인생을 모험하듯 살아온 사람에게 삶이란 '방황'이 아니라 '모험'이 되기 때문입니다. 반대로 삶의 목적지를 찾지 못하면, 길을 잃은 채 떠돌게 됩니다. 어쩌다 풍경 좋은 곳을 지나도, 따듯한 사람을 만나도 '내가 있을 곳은 어딜까?'라는 생각에 휩싸이게 됩니다. 그리고 어느 날 죽음이 찾아옵니다. 마지막 순간에 당신은 어떤 얼굴을 하고 있을까요? 어떤 순간을 떠올릴까요? 곁에 누가 있을까요?

부디 당신이 마음의 북극성을 찾을 수 있길 바랍니다.

당신은 어떤 것에 가장 많은 시간을 썼습니까?

거기에서 찾아낼 수 있는 당신의 강점은 무엇입니까?

당신은 어떤 사람으로 기억되고 싶으십니까?

오르고 싶은 산을 정하라.

그것으로 인생의 절반이 결정된다.

손정의(소프트뱅크 회장)

11장

내 인생을 한마디로 정의하자면

10장을 읽었음에도 삶의 목적이 무엇인지 자신만의 답을 내리지 못했다면 '삶의 끝'을 구체적으로 바라보는 것도 좋은 방법입니다.

Here lies a man who was able to surround himself with men far cleverer than himself.

(자신보다 뛰어난 사람을 모을 줄 알았던 사람, 여기에 잠들다.)

이것은 '철강왕'으로 불린 앤드류 카네기의 묘비명입니다.

묘비명은 무덤 앞에 세워진 비석에 새겨지는 말로, 서양에서는 흔히 볼 수 있습니다. 자신이 어떤 삶을 살았는지, 인생에서 소중히 여겼던 것은 무엇인지 묘에 새기는 것입니다.

소설 《적과 흑》으로 유명한 작가 스탕달의 묘비명은 '살았다, 썼다, 사랑했다'입니다.

묘비명을 쓰기 위해서는 자신이 인생에서 가장 중요하게 생각하는 것이 무엇인지 명확해져야 합니다.

자신이 중요하게 여기는 것이 무엇인지 떠오르지 않는다면 묘비명은 쓸 수 없습니다. 그래서 제일 중요하게 생각하는 것과 향하고 싶은 삶의 방향을 깊이 생각해 볼 필요가 있습니다.

당신이 '이렇게 되고 싶다'라고 생각하는 사람, 동경하는 사람, 존경하는 사람을 다음 페이지에 써주십시오. 친구, 상사, 가족, 스승 등 실제로 아는 사람 중 5명과 역사상의 인물이나 유명인 5명을 합쳐 총 10명을 나열해 보시면 됩니다.

제가 생각한 10명을 예로 들어보겠습니다. '멋있다. 이렇게 되고 싶다'라고 생각한 사람은 많지만, 우선 만난 순서대로 5명을 뽑아보았습니다.

첫 번째: 니시 쿄지(사물을 바라보는 시선을 길러준 선생님)

두 번째: 에토 노부유키(심리 상담사)

세 번째: 고바야시 세이칸(심리학 박사)

네 번째: 미사키 요시노(상담사 겸 사진작가)

다섯 번째: 노부미(그림책 작가)

그리고 제가 멋있다고 생각하고 닮고 싶다고 생각한 역사적 인물과 유명인 5명은 다음과 같습니다.

첫 번째: 사카모토 료마(혁명가)

두 번째: 다카스기 신사쿠(혁명가)

세 번째: 노자(철학자)

네 번째: 미야시타 타카히로(디자이너)

다섯 번째: 스티브 잡스(애플 창업자)

모든 사람이 동일한 키워드를 가지지 않아도 괜찮으니, 이제부터 여기에 나열된 사람들의 키워드나 공통점을 나열해 보겠습니다. 제가 뽑은 사람들은 '생각을 전하는 사람(심상의 새로운 시각을 전파하는 사람)', '혁명을 일으킨 사람', '물건을 만드는 사람'이라는 요소가 특히 부각됩니다. 즉, 저는 '심상의 새로운 시각'을 책이라는 물성을 가진 작품을 통해 전하고 싶다는 꿈이 있습니다. 그리하여 당신의 마음에 혁명을 일으키고 싶은 것입니다. 저는 이 일에 제 목숨을 걸고 싶습니다. 그것이 저의 목적이고, 이 일을 할 때 진정으로 살아 있다는 생각이 들곤 합니다.

사실 여러분이 존경하거나 동경하는 사람들이 가진 키워드와 공통점에는 여러분이 하고 싶은 일의 방향성이 숨어 있습니다. 예를 들기 위해 잠깐 제 이야기를 조금 더 구체적으로 해보겠습니다. 저는 한때 제가 존경하고 동경한 분들에게 영향을 받아 교사의 길을 택했던 적이 있습니다. 결과적으로 교사가 되지 못했으니 실패했다고 할 수 있습니다. 하지만 다른 일을 할 걸 그랬다며 후회하지는 않았습니다. 그때도, 지금도 그렇습니다. 포기하지 않은 채 방향성을 잡고 계속 노력하다 보니 형태는 다르더라도 결국 새로운 시각을 전하는 직업인 작가로 일할 수 있게 되었습니다. 어찌 보면 원하는 방향으로 일할 수 있게 된 것입니다. 원하는 방향만 알고 있다면, 그곳에 가기 위한 방법은 얼마든지 존재합니다.

삶의 방향성을 알게 되는 순간 당신은 노력하는 사람이 아니라 즐기는 사람이 될 수 있습니다. 노력은 강제로 하는 것이기 때문에 언젠가는 원동력이 떨어집니다. 그러나 즐길 수 있다면 힘이 떨어질 일이 없습니다. 왜냐하면 일이 즐겁기 때문입니다. 흘러가는 대로 살아가는 대신 목적의식과 동경을 가지고 살아가기 때문입니다. 즐길 수만 있다면 언젠가는 재능이 피어나게 됩니다. 실은 즐길 수 있는 것이 최고의 재능입니다. 혹여 현재의 일이 싫다고 하더라도 방향성만 가지고 있다면 싫어하는 일도 좋아하는 일로 바꿀 수 있습니다.

얼굴이 쉽게 빨개지는 편이고 사람을 만나는 것을 꺼리는 성격이었던 저는 어쩌다가 영업사원으로 사회에 첫발을 내딛게 되었습니다. 그런데 저의 어설픈 말솜씨 때문에 제가 화장실에 간 틈에 고객이 자리를 뜨는 등의 충격적인 상황이 계속 벌어졌습니다. 당연히 처음에는 실적이 좋지 않았습니다. 그래서 글로 쓰고 마음을 전하는 길을 찾았습니다. 팔고 싶은 상품을 A4용지 한 장에 정리하고 기업에 팩스로 보내는 전술을 펼쳤습니다. 이때부터 상품 광고뿐만 아니라 사물을 바라보는 제 나름의 시선을 칼럼으로 써서 함께 보내기 시작했습니다.

다행히 칼럼이 인기를 끌면서 상품도 팔리게 되었고, 결과적으로 저는 최고의 영업사원이 되었습니다. 하고 싶지 않았던 영업이라는 직업에 제가 가지고 있는 새로운 시선을 칼럼이라는 형태로 전달한 것입니다. 거기에 삶의 방향성을 더하니 일이 즐거워졌고, 좋은 결과로 이어지게 되었습니다. 아무리 싫어하는 일에도 거기에 삶의 방향성이라는 흥미로운 씨앗을 심으면, 좋아하는 일로 바꿀 수 있습니다.

여러분의 향하고 싶은 삶의 방향이야말로 어두운 세상에서 켠 촛불과도 같습니다. 희미한 불꽃이라도 일단 불을 켜면, 당신의 인생은 어둡지 않습니다. 그럼 묻겠습니다. 당신의 삶을 묘비에 새긴다면 어떤 말을 쓰시겠습니까? 당신에게 가장 중요한 것은 무엇입니까? 당신이 향하고 싶은 삶은 방향은 어디입니까? 이 질문을 토대로 당신의 묘비명을 미리 써봅시다.

인생에서는 무엇을 하는지보다

'진지하게 하는지'가 더 중요하다.

괴테 《파우스트》 中

12장

여기, 편안히 잠들다

앞에서 묘비명을 써본 것에 이어 이번에는 저의 부고 기사를 작성해 보겠습니다. '이렇게 죽을 수 있다면 정말 좋겠다'라는 내용으로 이상적인 부고 기사를 미리 써봄으로써 자신의 이상적인 삶과 죽음을 그리는 것입니다. 그러면 이제부터 어떤 삶을 살았을 때 마지막 순간 행복할지 고민해 보고, 그것을 부고 기사로 적어봅시다.

저는 이렇게 썼습니다.

히스이 고타로, 편안히 잠들다.

작가 히스이 고타로는 무도관에서 1만 명의 팬을 상대로 강연을 한 뒤, 향년 99세의 나이로 대기실에서 조용히 숨을 거두었습니다.

히스이 고타로는 2005년에 《3초만에 행복해지는 명언 테라피》로 디스커버 메시지북 대상 특별상을 수상하며 데뷔했습니다. 그 후에도 《언제나 마음은 미시시피의 오후처럼》, 《생의 마지막을 생각할 때 삶은 비로소 시작된다》 등 다수의 베스트셀러를 써냈습니다.

또한, 히스이 고타로가 작사한 노래 〈다녀왔어〉는 포카리스웨트의 광고 음악으로도 채택되어 일본 레코드 대상을 수상했습니다. 도쿄 FM의 〈고타로 라디오 테라피〉는 국민적인 라디오 프로그램으로 성장했으며, 잡지에서 〈나, 고타로〉를 50년 동안 연재했습니다. 히스이 고타로의 인생 마지막 농담은 "얼음이 죽으면 다이빙"이었다고 합니다.

여러분도 '이런 부고 기사가 나온다면 재밌겠네' 싶은 글을 마음대로 써보십시오. 부고 기사는 이렇게 썼지만, 사실 제가 정말로 이루고 싶은 꿈은 '우리에게 주어진 시간은 짧고, 죽음은 늘 곁에 있으니 후회 없이 살아라'라는 메시지를 전하는 것입니다. 그리하여 이 글을 읽는 당신의 마음에 울림을 주고 싶습니다. 제가 정말 하고 싶은 일은 그것뿐입니다.

부고 기사는 이런 핵심적인 요소를 하나 정해놓고(묘비명에 쓴 것처럼), 나머지 부분은 마지막으로 이루고 싶었던 건 다 이뤄버리겠다는 느낌으로 쓰시면 됩니다. '이렇게 되면 기분이 좋고 기쁠 거 같다'는 부분을 구체적으로 계속 작성해 보십시오. 재미있으면 재미있을수록 그 일이 실제로 일어날 확률이 높아집니다. 감정에 불이 붙으면 사람들은 행동하기 때문입니다. 당신이 쓰기만 해도 누군가 그 꿈을 응원해줄지도 모르는 일입니다.

'이렇게 되면 정말 좋겠다'는 부분은 꿈과 실제 사실을 엮어서 쓰는 것이 핵심입니다. 현대 과학에 따르면 거짓에 사실이 섞여 있을 경우 뇌가 상상도 사실로 착각해 주기 때문입니다. 그러니까 하고 싶은 일은 반드시 해내고 말 거라고 선언합시다. 삶은 오직 한 번뿐입니다. 그럼, 여기에서 질문을 드리겠습니다.

당신의 부고 기사에는 어떤 말이 적혀 있으면 좋겠습니까?

이 질문에 답을 하기 위해 우선 다른 질문을 몇 개 던져보겠습니다.

어떻게 해서든 이루고 싶은 일이 있으십니까?

어떤 일이든 무조건 성공한다는 것을 알고 있으면 무엇을 하시겠습니까?

할 수 없이 포기해 버린 일은 무엇입니까?

여기에 쓴 글이 전부 이루어진다면 뭐라고 쓰실 생각이십니까?

그럼 다음 페이지의 부고 기사 칸에 적어봅시다. 핵심은 어디까지나 '즐겁게' 쓰는 겁니다.

DAILY NEWS

13장

인생의 엔딩 크레딧

저에게는 살아 있음에도 자신의 장례식을 치른 친구가 있습니다. 명명해 보자면 '생전 장례식 라이브'입니다. 흉내만 내는 게 아니라 제대로 된 장례식 절차를 연출했습니다. 먼저 참석자들이 존중의 의미로 분향을 하고, 각자 한마디씩 평소에 하고 싶었던 말을 합니다. 분향이 끝나면 관이 나오고, 웅장한 음악과 함께 관에서 죽은 줄 알았던 친구가 나와서 선언합니다.

"모두들 와줘서 고맙습니다! 소중한 사람들에게 장례식이 아니라 살아 있는 동안에 감사를 전하고 싶었습니다.

다시 한번 감사드립니다!"

그 후에는 관에서 나와 코미디 무대를 선보이고, 이후에는 참석자들의 노래 대회가 펼쳐집니다. 그건 한마디로 재미있는 공연이었습니다.

처음에 구상을 들었을 때는 웃기기만 할 것 같았는데, 막상 참여해 보니 '이런 장례식도 괜찮겠다'라는 생각이 들었습니다. 죽은 후에는 소중한 사람들에게 다시 한번 "감사합니다"라고 말할 수 없으니 말입니다.

생전 장례식에 함께 참가한 친구는 나중에 저에게 이렇게 말했습니다.

"아직 30대이기도 하고 죽음을 진지하게 생각해 본 적은 없었어. 그런데 생전 장례식 라이브를 준비하면서 나도 모르게 죽음에 대해 생각하게 되더라고. 이것저것 고민하고 있는데 갑자기 그런 생각이 드는 거야."

'나, 사람들에게 어떻게 기억되고 싶은지. 어떻게 살고 싶은지 알 것 같아.'

"그러자 응? 그런데 나 아직 아무것도 한 게 없잖아. 라는 생각이 곧바로 들더라고. 그때부터 어떻게 해야 할지 모르겠고, 길을 잃은 것 같을 때마다 이런 생각을 하게 되더라고."

'인생의 엔딩 크레딧이 올라갈 때, 지금 이 순간이 들어갈까, 들어가지 않을까?'

"그 이후로는 결과를 신경 쓰지 않고, 하고 싶은 일에 도전할 수 있게 됐어."

여러분들에게 물어보고 싶습니다.

살면서 결과를 신경 쓰지 않고, 하고 싶은 일에 도전해본 적이 몇 번이나 있습니까?

누구나 한 번쯤은 하고 싶은 일에 도전을 해봤을 것입니다. 누구나 한 번쯤은 결과보다는 과정에 의미를 둬봤을 것입니다. 하지만 둘 모두를 동시에 해내는 것은 생각보다 어려운 일입니다. 이유는 다양합니다. 남 눈치를 보느라, 돈이 걸려 있어서, 중요한 할 일이 있어서…….

그렇다면 여러분에게 이렇게 묻고 싶습니다.

인생의 엔딩 크레딧이 올라갈 때, 당신은 어떤 표정을 짓고 있을 것 같습니까?

정말 후회하지 않을 자신 있습니까?

힘든 날에는 좌절해도 괜찮습니다. 울어도 좋습니다. 하지만 그 뒤에 자신의 인생을 돌이켜보십시오. 포기한 꿈, 되고 싶었던 것들, 이루지 못한 것들 전부 생각해 보십시오. 그리고 내가 가고 싶은 방향이 '잘' 살고 싶은 것인지 아니면 무덤 속인지 고민해 보십시오. '가야 할' 방향이 아닙니다. 우리는 언젠가 모두 죽습니다. 그러니, 그렇기에 잘 살고 싶은 것이고 후회 없이 살고 싶은 것입니다. 우리에게 그냥 주어지는 것은 아무것도 없습니다. 그러니 생전 장례식 라이브를 치르지는 않더라도, 죽기 전에 "만나줘서 고마워"라는 감사의 말을 전하고 싶은 친구들을 술집으로 부르십시오. 그리고 술기운을 빌려 말하는 겁니다.

"오늘은 제 생전 장례식이라 좋아하는 사람들만 불렀습니다. 살아 있는 동안 전하고 싶었습니다. 저와 만나줘서 감사합니다!"

그리고는 친구들에게 앞서 작성한 부고 기사를 보여주시면 됩니다. 친구들과 함께 자신의 부고 기사를 보는 것. 멋지지 않습니까? 이 과정을 저는 '모두가 꿈을 나누는 임종 요법'이라고 명명했습니다. 임종 요법이라니. 어이가 없어 웃음이 나올 겁니다. 하지만 이 과정에서 꿈을 나눔으로써, 정말 자신이 무엇을 하고 싶은지 알게 됩니다. 모두의 꿈이 당신의 꿈이 되고, 동시에 당신의 꿈도 모두의 꿈이 됩니다. 그러면 서로의 꿈이 공명하며 가속될 것입니다.

행복이라는 일본어 단어 'しあわせ'의 어원은 '함께 하다' 為し合わせ입니다. 서로에게 기여하는 것으로부터 행복이 시작됩니다. 함께 꿈을 향해 나아가는 소중한 친구들이야말로 당신의 인생 최고의 재산입니다. 당신YOU과 나ME로 인해 꿈은 이루어집니다. 이것이 진정한 YOU(유)+ME(메)=유메ゆめ입니다. 즉, 꿈ゆめ입니다.

그러니 꼭 사랑하는 사람들과 생전 장례식을 열어 보십시오. 그 자리에서 당신과 사랑하는 사람들의 꿈을 모두 함께 나눠봅시다. 그리하여 정말 하고 싶은 게 무엇인지 고민해 봅시다. 후회 없이 살고 후회 없이 죽기 위해 무엇을 해야 하는지 고민해 봅시다.

당신의 인생 크레딧에는 어떤 장면이 들어갈까요?

생각나는 장면을 아래에 묘사해 주십시오.

혼자 보는 꿈은 꿈에 불과하다.

그러나 누군가와 함께 보는 꿈은 현실이다.

오노 요코(예술가)

14장

당신의 '언젠가'는 언제입니까?

17세기 유럽인의 평균 수명은 약 30세 남짓이었습니다. 현대인들의 평균 수명은 약 80세 정도입니다. 만약 현대에 태어난 누군가가 30대에 사망한다면 사람들은 보통 사고사로 생각을 할 것입니다. 질병이나 다른 건강상의 문제가 있었다고 생각할 수도 있습니다. 어느 쪽이든 사람들은 30대에 죽은 사람을 안타까워할 것입니다.

그렇다면 이런 의문이 듭니다. 과거 우리 조상들은 모두 불행했을까요?

이 세상에서 유일한 진리는 태어나면 죽는다는 것입니

다. 그러므로 죽음은 불행한 일이 아닙니다. 살아 있는 것 자체가 기적인 것입니다. 살아 있는 오늘이라는 하루도 기적입니다. 만약 죽음이 없다면, 오늘 해야 할 일은 모두 내일로 미뤄질 것입니다. 그리고 내일이 되면 또 다음 일자로 미뤄질 것입니다. 모든 일은 언젠가 해야 할 일로 남게 되고, 그 '언젠가'는 영원히 오지 않습니다. 하지만 알고 계십니까?

월요일Monday, 화요일Tuesday, 수요일Wednesday, 목요일Thursday, 금요일Friday, 토요일Saturday, 일요일Sunday…….

아무리 찾아봐도 1주일 중에
'언젠가Someday'라는 날은 없습니다.

그래서 신은 삶을 소모시키기 위한 장치로써 죽음을 발명했습니다. 삶을 환하게 빛내주기 위해 데드라인Deadline, 즉 마감일이라는 선을 그은 것입니다.

여러분은 여름 방학이 끝나고 새 학기가 시작되는 날이

언제인지 기억하고 계십니까? 저는 항상 8월 31일이었습니다. 즉, 방학 숙제는 그때까지 모두 끝내야만 하는 것이었습니다. 만약 마감일이 없다면 숙제도 하지 않았을 것입니다. 오죽하면 이런 말도 있습니다.

'모든 일은 마감 직전에 끝난다.'

반대로 말하면, 마감일을 스스로 정하는 것만으로도 꿈의 윤곽을 확인할 수 있습니다. 언제까지 이루고 싶은지 꿈의 마감일을 정하십시오. 마감일은 무작정 정하는 것이 아닙니다. 확실히 마음을 정하고, 자신이 마음에 드는 날을 선택하는 것이 중요합니다. 마감일을 바라보며 심장이 두근거리지 않는다면 강제로 정하지 않아도 괜찮습니다.

예를 들면, '알래스카로 오로라를 보러 가고 싶다'라고 생각만 하는 사이에, 10년, 20년이 훌쩍 지나는 것은 어찌 보면 당연한 일입니다. 그런 경우에는 달력이나 다이어리에 미리 일정을 기입해 두면 좋습니다. 자주 보는 어딘가에 일정 기입만 해놔도 성공할 확률이 급상승합니다. 시간은 현재에서 미래로 흐릅니다. 하지만 미래를 미리 예측함으로써, 즉 미래를 결정함으로써 미래에서 현재로 시간이 흐르도록 흐름을 반전시킬 수 있습니다. 연인이 필요하다면 데이트를 할 놀이공원 티켓을 미리 사면 됩니다. 상대가 없어도 좋습니다.

책을 쓰고 싶다면 의뢰가 없어도 미리 쓰면 됩니다. 저도 처음에는 그렇게 데뷔했었거든요.

이제 질문 하나를 던져 봅시다. '언젠가 할 거야.'에서 당신의 '언젠가'는 언제입니까? '언젠가'를 '오늘'로 만드는 날, 당신의 운명이 바뀝니다. 그리고 나서는 '언제까지' 완수할지를 생각해 보십시오. 꿈의 마감일을 정하십시오.

당신의 꿈은 무엇인가요?

당신 꿈의 마감일은 언제인가요?

수명이라는 것은 곧

당신이 활용할 수 있는 시간입니다.

히노하라 시게아키(의사)

15장

어리석은 도전 하나가 내 삶을 구원할 때

여러분은 죽기 전에 꼭 해보고 싶은 게 있으십니까? 제가 해보고 싶은 것을 말씀드리자면, 오로라가 펼쳐진 하늘 아래에서, 조금 부끄럽지만 작게라도 만세를 외쳐보는 것입니다. 이 꿈은 이 책을 쓰는 동안 사진작가인 친구와 함께 캐나다의 처칠에서 이뤄냈습니다.

다음 꿈은 야생의 북극곰을 가까이에서 관찰하고, 사랑에 빠질 만큼 오래 마주보는 것이었습니다. 처칠에서 이 꿈도 실현 직전까지 갔지만, 북극곰과 마주보기까지는 이뤄낼 수 없었습니다.

〈버킷리스트: 죽기 전에 꼭 하고 싶은 것들〉이라는 영화가 있습니다. 영화에는 말기 암에 걸린 두 명의 할아버지가 등장합니다. 두 할아버지는 '피라미드 보러 가기'와 같이 죽을 때까지 하고 싶은 일을 버킷리스트에 적어 하나씩 실현해 나갑니다.

이렇듯 인생의 목표를 설정하는 데는 나이가 중요한 게 아닙니다. 당신이 몇 살이든, 어디에 있든 하고 싶은 게 무엇인지 떠올린다면 자신의 인생을 돌아볼 수 있습니다. 그렇게 되면 자신이 정말 하고 싶은 게 무엇인지 알게 됩니다. 그러니 자신의 마음을 이해하는 것이 가장 중요한 것입니다. 노벨상을 수상한 마리 퀴리는 이렇게 말했습니다.

인생에서 두려워해야 하는 것은 없다. 단지 이해해야 하는 것이 있을 뿐이다.

이제 당신도 버킷리스트를 적어보십시오. 최대한 가슴이 두근거릴 것 같은 일들을 적어보시기 바랍니다. 심지어 그게 아주 사소해 보이는 일이라도 두근거리는 일이라면 무엇이든 좋습니다. 예를 들어 지금 우울하다면 '화장실 청소' 같은 것을 써도 좋을 것입니다. '고작 화장실 청소'라고 생각하실지 모르겠지만 실제로 우울증에 걸린 사람들은 화장실 청소를 하는 것이 좋다고 합니다. 청소를 하며 때 낀 마음을 정리할 수 있기 때문입니다. 이렇듯, 처음에는 상관이 없어 보일 수 있지만 무의미해 보이는 일이라도 일단 열심히 하면 그런 자신을 점차 좋아할 수 있게 됩니다. 그런 의미에서 바보 같은 꿈이 있더라도 진지하게 도전하는 것이 삶의 즐거움을 찾아가는 데 도움이 되기도 합니다.

제가 지금까지 한 바보 같은 도전은 다음과 같습니다.

· 산책을 아주 좋아하는 개와 진지하게 놀아주기

유성우가 떨어지던 어느 날, 저녁 8시부터 새벽 4시까지 산책하면서 함께 별똥별을 보았습니다. 마지막에는 개가 완전히 지쳐서 뻗어버렸습니다.

· 멋지게 말할 수 있도록 1년 동안 매일매일 영화 1편씩 을 보는 365일 영화 캠페인

그때는 친구도 없고, 시간이 많아서 할 수 있었습니다.

· 1주일 식비 0원 챌린지

사람이 얼마나 허기를 견딜 수 있는지 시험해 보고 싶었습니다. 그래서 1주일 동안 물만 마셨습니다. 1주일 후에 먹은 평범한 죽은 눈물이 나올 정도로 감동적이었습니다. 정말이지 인생에서 먹어본 음식 중 가장 맛있었습니다. 다만, 단식은 제대로 전문가에게 지도받지 않으면 위험하니 함부로 따라하시면 안 됩니다.

· 한파의 폭포에서 형제끼리 수행을 하면서 유대를 굳히기

전신이 마비될 정도의 추위였지만, 폭포에서 나온 후에는 맨몸으로도 정말 따뜻해서 놀랐습니다. 폭포에서 떨어진 돌에 머리를 맞을 수 있으니 이것도 함부로 따라하시면 안 됩니다.

· 3일 동안 일도 하지 않고 오로지 계속 걷기

금연을 위한 캠페인이었습니다. 덕분에 금연에 성공했습니다.

· 세계 기록에 등재될 정도로 러브레터를 많이 쓰기

대문호 괴테가 샤를로테에게 쓴 러브레터는 무려 1,800통이라고 합니다. 그를 뛰어넘기 위해 저도 러브레터를 쓰기로 하고 5년 동안 매일 블로그와 이메일 매거진을 작성했습니다. 그리고 성공적으로 그의 기록을 뛰어넘었습니다.

· 전철 안에서 모두가 내 책을 읽는 이벤트 개최

막상 해보니 조금 창피했습니다.

이제 당신도 버킷리스트를 작성해 보십시오. 어리석은 캠페인이나 웃긴 것을 섞으면 좋습니다. 어리석은 일을 진지하게 즐기는 것은 삶의 즐거움 중 하나입니다. 무엇보다도 이런 어리석고 용감한 나 자신이 점점 사랑스러워집니다.

죽기 전에 하고 싶은 일 10가지는 무엇인가요?

1.

2.

3.

4.

5.

6.

7.

8.

9.

10.

※10번째는 부끄러워 죽을 만큼

바보 같은 것으로 해봅시다!

마루코! 남들에게 웃음거리가 되어 줄 수 있는

훌륭한 바보가 되어라!

〈마루코는 아홉살〉의 사쿠라 토모조

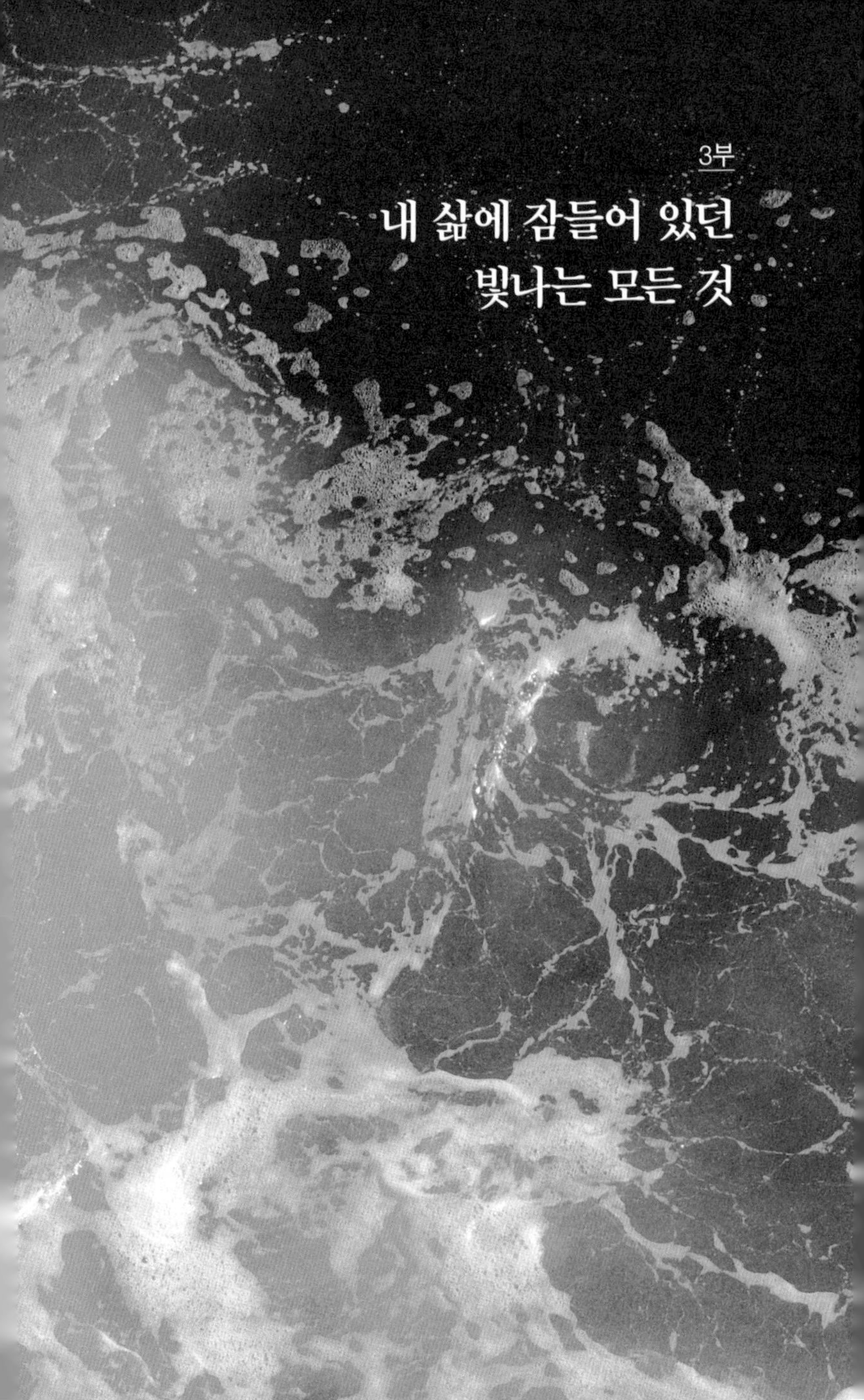

3부

내 삶에 잠들어 있던 빛나는 모든 것

16장

내 인생에는 어떤 의미가 있을까

소프트뱅크의 창업자이자 신화를 써낸 기업가로 손꼽히는 손정의 회장은 죽음을 마주하며 큰 변화를 겪은 사람 중 한 명입니다. 1983년, 불과 20대 중반의 나이에 손정의 회장은 창업 당시 3명이었던 회사의 직원을 125명으로 늘렸고, 매출액은 약 400억 원으로 성장시켰습니다. 모든 게 순조롭게 흘러가는 것만 같았던 그 순간, 손정의 회장은 갑작스레 만성 간염을 진단받습니다. 게다가 간암으로 진행될 가능성이 높은 간경화 직전의 상태였죠. 지금도 그렇지만 당시에 간암은 발생률과 사망률 모두 높은 위험한 병이었습니다. 20대의 창창한 나이에 시한부 선고를 받은 것이나 다름없었던 것입니다.

"5년은 살 수 있을지도 모르지만, 그 이상은……."

입원 초기에 손정의 회장은 병원에서 홀로 눈물을 흘렸다고 합니다.

"회사도 막 잘되기 시작했고 아이도 아직 어린데, 나도 이제 끝인가……. 이렇게 열심히 공부하고 열정을 쏟아부어 회사를 창업했는데, 5년 안에 내 인생이 끝난다는 건가……. 나는 왜 일을 했었던 걸까……. 나의 인생은 도대체 어떤 의미가 있었던 걸까……."

그러나 이때, 손정의 회장은 병상에서 시바 료타로가 쓴 《료마가 간다》라는 책을 만납니다. 막부 시대의 인물인 사카모토 료마는 28세에 무사 집단에서 나와 낭인이 되었고 33세에 암살될 때까지 약 5년 동안 일본을 변화시켰습니다.

5년이라는 시한부 선고를 받고 병원에서 울고 있던 손정의 회장은 똑같이 5년이라는 시간 동안 변화의 바람을 불러온 료마의 삶을 보며 '나도 큰일을 할 수 있지 않을까'

라며 생각을 고쳐먹었습니다. '내 목숨에 연연하기만 해서 어떻게 할 건가. 더 큰일을 할 생각을 해야지'라는 결심을 하게 된 것입니다.

"나에게 남은 시간이 5년이라면…….

집도 필요 없고, 차도 필요 없다. 소비욕은 일체 없어졌다.

그렇다면, 내가 정말로 원하는 것은 무엇인가?

태어난 지 얼마 안 된 딸의 웃음을 보고 싶다.

그게 전부인가?

아니야. 가족 모두의 웃음을 보고 싶다.

그게 전부인가?

아니야. 직원들의 웃음도 보고 싶다.

그게 전부인가?

아니야. 고객들의 웃음도 보고 싶다.

그래. 나는 모두의 웃음을 보기 위해 남은 인생을 바칠 것이다."

죽음을 마주한 손정의 회장의 투병 생활은 삶의 가치

관을 새롭게 환기하는 소중한 시간이 되었습니다.

손정의 회장의 할머니는 언제나 손자에게 말씀하셨다고 합니다.

"어떤 어려움이 닥쳐도, 힘든 일이 있어도 나에게는 늘 누군가 도와주는 사람이 있었단다. 우리가 이렇게 사는 건 다른 사람들 덕분이야. 그러니까 절대로 다른 사람을 원망하면 안 돼."

14살의 나이에 한국에서 일본으로 건너온 할머니. 한국 국적에, 일본어도 서툴고, 지인도 없었으며, 전쟁까지 경험한 세대지만 '사람들 덕분이야'가 할머니의 말버릇이었습니다.

죽음과 마주하면서 손정의 회장은 인생에서 제일 중요한 건 돈이 아니라는 사실을 깨달았습니다. 지위도, 명예도 제일 중요한 게 아니었습니다. 그에게 가장 중요한 것은 할머니가 말한 것처럼 다른 사람들을 위하고 기쁘게 해주는 일이었습니다. 입원한 후에 그런 생각은 더 강해졌다고 합니다.

"왜 살아가는 것인가?"

"일하는 목적이 무엇인가?"

질문을 하는 과정에서 손정의 회장의 목적은 명확해졌습니다. 목적이 확실해지면 사람은 흔들리지 않습니다. 3년 동안 입원과 퇴원을 반복하며 맞이한 1986년. 기적적으로 혁신적인 치료법이 발견되어 손정의 회장은 훌륭하게 부활하였습니다. 완전히 회복된 것입니다.

그 이후, 손정의 회장은 동일본 대지진이 일어나자 피해자들을 위해 100억 엔을 기부했습니다. 그리고 2011년부터는 은퇴할 때까지 받게 될 보수 전액을 지진으로 고아가 된 아이들을 돕기 위해 기부할 것이라 선언했습니다. 앞으로 은퇴까지의 보수 전액을 기부한다는 것은 보통 할 수 있는 일이 아닙니다.

죽음은 당신에게 묻습니다.

"이대로 살아도 후회하지 않을 자신이 있는가?"

죽음은 당신에게 묻습니다.

"가장 중요하게 여기는 일이 무엇인가? 왜 당신은 그 일을 하지 않는 것인가?"

죽음은 당신에게 묻습니다.

"자기 자신만 괜찮으면 되는 것인가?"

죽음은 당신에게 살아갈 '각오覺悟'를 강요합니다. 각오라는 말은 깨달을 각覺과 깨달을 오悟를 합쳐 만들어낸 놀라운 말입니다. 무슨 일이 있어도 평온하게 살아가자는 각오를 다지는 것, 그것이 바로 깨달음입니다.

살아갈 각오가 있다면 사람은 죽을 각오도 할 수 있습니다. 인생에서 대업을 완수한다는 각오가 생길 때 죽을 각오도 생길 수 있는 것입니다. 손정의 회장은 5년의 시한부를 선고받았을 때 남아 있는 시간 동안 명예나 재산을 쌓는 대신 소중한 사람들의 미소를 보고 싶다는 '살아갈 목적'이 생겨 깨달음을 얻었습니다.

사람들은 마지막 순간에 남을 위해 도움이 되는 일을 하고 싶다는, 마음속 깊은 곳에 감춰진 소망과 뜻이 드러납니다. 뜻이 드러난다는 것은 즉, 개인의 소망을 넘어서 마지막 순간 자신에게 부여된 사명使命을 깨닫는다는 것입니다. 사명이란 그 목숨命을 누군가를 위해 쓰는使 일입니다.

또한 인간에게는 인간만이 가지고 있는 본능이 있습니다. 식욕, 성욕, 수면욕…… 이런 욕망은 동물도 가지고 있습니다. 그렇다면 인간만이 가지고 있는 본능은 무엇일까요? 바로 '누군가 자신에게 감사나 기쁨을 주면 마땅히 기뻐하는 것'입니다. 그렇다면 당신에게 물어보고 싶습니다.

최근에 누군가에게 감사 인사를 받은 적이 있나요?

'고마워'라는 말을 들었나요?

당신의 삶은 지금까지 남에게 기쁨과 감사를 줄 만한 삶이었나요?

당신이 살아 있다는 것 자체만으로도 행복해지는 사람이 있나요?

누구를 웃게 만들고 싶으신가요?

누군가를 행복하게 만들어주고 싶어진다면, 당신의 마음

에 불꽃이 붙을까요?

당신의 일로 어떤 기쁨을 만들어낼 수 있을까요?

'지금까지'라는 말은 더 이상 필요 없습니다.

중요한 건 '이제부터'입니다.

당신의 행복이 곧 나의 행복이라는 마음으로 살아보십시오.

'이렇게 하면 다음에 TV에 나오지 못할 것 같다.'
그런 생각을 하지 않도록 노력하고 있다.
인간은 언제 죽을지 모르기 때문에
지금의 모든 것을 다 보여주고 싶다.
나는 언제 죽을지 모르고
보고 있는 사람도 언제 죽을지 모르니까.
시청자가 마지막으로 본 내가
진심이 아닌 에가시라였다면 미안하겠지?

에가시라 2:50(일본의 개그맨)

17장

밤하늘의 별보다 많은 인연

일본에서는 누구나 아는 작품인 〈보름밤 달님十五夜お月さん〉, 〈일곱 마리 새끼七つの子〉, 〈빨간 구두赤い靴〉, 〈푸른 눈의 인형青い眼の人形〉 등을 써낸, 동요계의 삼대 시인으로 불리는 노구치 우조野口雨情의 삶은 불운의 연속이었습니다.

우조는 이바라키에서 태어나 도쿄로 대학을 다니게 되지만, 아버지의 사업 실패와 사망으로 대학을 중퇴한 뒤 고향에 돌아와 대를 잇게 됩니다.

집을 지키기 위해 부자의 딸과 어쩔 수 없이 결혼했고 이때부터 시를 쓰기 시작했지만 사람들에게는 큰 반향이 없었습니다. 사업을 시작하지만 실패했고 밤낮없이 오타루의 작은 신문사에서 일을 하게 됩니다. 그러나 상사와의 불화로 신문사조차 그만두게 됩니다.

이렇게 모든 것이 잘 풀리지 않는 상황에서 딸이 태어났지만 1주일 만에 사망합니다. 우조는 술독에 빠져 시간을 보냅니다. 반면, 우조의 시인 친구들은 계속해서 시를 내며 활약을 했습니다. 이를 본 우조는 자신의 처지를 두고 이렇게 이야기합니다.

"나는 여행자다. 고통에 빠진 여행자다."

어느 날은 1주일 만에 죽은 딸이 우조의 꿈에 나타나 눈에 그렁그렁 눈물이 맺히도록 울었다고 합니다. 겨우 1주일 동안 허락된 삶. 잠에서 깬 우조는 가만히 생각했습니다.

'자신의 삶조차 살아갈 수 없었던 딸. 그에 비하면 나는 어떠한가. 아버지와 어머니로부터 건강한 몸을 받았음에도 불구하고 이미 이십몇 년 동안 삶을 포기하고 술에 빠져 있었다! 어떻게든 회복해야 한다.'

이 다짐과 함께 일어난 우조는 다시 시를 열심히 쓰기

시작했고, 이후 그가 만든 동요는 점차 사람들에게 알려지게 되었습니다.

비눗방울

비눗방울이 날아가
지붕까지 날아가
지붕까지 날아가서
부서져 사라지네
비눗방울이 사라지네
날지 못하고 사라졌네
태어나자마자
부서져 사라졌네
바람아, 바람아, 불지 마라
비눗방울 날리자

이 시는 흩날리는 비눗방울을 딸의 삶에 대입해 만든 시입니다.

그러니 이 시는 일종의 질문이 되겠습니다.

단 1주일밖에 살지 못했던 아이. 자신의 삶을 살아갈 수조차 없었던 아이. 자신의 죽은 딸을 보며 우조는 명확하게 깨달았습니다. 생명의 가치를 실감했습니다. 그렇다면 당신은 당신 삶의 진정한 가치를 알고 있습니까?

당신의 삶 이전에는 어머니와 아버지의 삶이 있습니다. 그 어머니와 아버지에게도 각각 어머니와 아버지가 있습니다. 9세대를 거슬러 올라가면 당신의 조상은 1,022명에 달합니다. 또한, 미국 인구조회국PRB에 따르면 지금까지 죽은 사람의 수는 약 1,000억 명으로 추산된다고 합니다.

밤하늘의 별보다 많은 사람이 인연을 쌓고 생명을 계승했기에, 한 쌍의 연인이 만나기 전에 어느 쪽도 죽지 않았기 때문에 지금 당신의 삶이 존재합니다. 우주의 빅뱅으로부터 계속해서 이어져 온 기적적인 이어달리기의 최전선이 여러분의 삶입니다.

'기적'은 왜 한자로 기적奇跡이라고 할까요? 기奇는 '의지하다'라는 의미를 가지고 있고 적跡은 발자취라는 의미를 가지고 있습니다. 풀어서 쓰면 기적은 '발자취에 의지하다'라는 의미를 가지는 셈입니다.

그렇습니다.

부모님의 발자취, 즉 과거에 일어난 기적에 의지하고 있는 것이 바로 우리의 생명이기 때문입니다.

그것이 바로 삶입니다.

그렇다면 그 감사한 생명을 어떻게 활용해야 할까요?

당신은 모든 선조의 생각과 행동이 빚어낸 결정체입니다. 당신의 아버지, 어머니, 할아버지, 할머니 이상의 세대원 이름을 알고 계십니까? 누군가의 이름을 모른다는 것은 그 사람의 존재를 전혀 의식하지 않는 것입니다. 할아버지 할머니께, 부모님께 전화해서 그분들의 이름을 여쭤보십시오. 혹시 그 분들이 세상에 계시지 않다면, 가계도를 찾아보십시오. 당신 삶의 뿌리가 가진 무게가 얼마나 무거운 것인지 알 수 있을 것입니다.

사람이 죽은 뒤에 남는 것은 모아온 것이 아니라

남에게 준 것이다.

제라르 쇼드리

18장

오직 나만이 할 수 있는 아주 작은 일

우리는 모두 유한한 존재입니다. 언젠가는 이 세상을 떠나야만 하는 운명이지요. 그렇기에 우리의 삶은 더욱 소중하고, 그 안에서 맡은 역할이 무엇인지 고민하는 것은 중요한 일입니다. 죽음을 피할 수 없다면 우리는 그 시간 속에서 어떤 의미를 찾아야 할까요? 이 세상에서 오직 당신만이 할 수 있는 일이 있을까요?

'나만이 할 수 있는 일'을 이야기하기 위해서는 '나의 고유성'을 인정해야 합니다. 즉, 나 같은 사람은 이 세상의 유일무이한 존재임을 받아들여야 합니다. 우리는 이와 비슷한 개념을 알고 있습니다. 바로 영혼입니다. 그렇지만 영혼의 존재 유무에 대해서는 많은 사람들의 의견이 엇갈립니다. 왜냐하면 영혼은 우리가 볼 수도 없고, 만질 수도 없고, 물성을 가진 것도 아니기 때문입니다. 그렇다면 영혼이 무게를 가지고 있다는 사실, 즉 물리적으로 영향을 끼친다는 사실을 증명하면 자연스레 영혼의 존재 또한 증명할 수 있을 것입니다.

이를 연구한 사람이 있습니다. 도쿄대학교 물성 연구소의 연구자인 가와다 가오루 박사입니다.

가와다 박사는 쥐 실험을 통해, 죽은 뒤에 쥐의 체중이 약 1만분의 1 정도 감소하는 것을 알게 되었습니다. 가와다 박사는 이 감소한 부분이 영혼의 질량이 아닌가 하는 가설을 제기했습니다.

가와다 박사의 실험에서 특기할 만한 점은 물건으로도 이 실험을 시도했다는 것입니다. 실험 과정은 이렇습니다. 우선 물건의 무게를 재고, 그 물건을 모두 부품으로 분해하고, 각 부분의 무게를 측정하여 총합합니다. 예를 들어 A라는 제품이 있다고 가정해 보겠습니다. 제품 A를 분해해 a, b, c로 나눠본다고 합시다(분해되어 있으므로 이는 '제품 A'가 죽은 상태입니다). 이 경우 아무리 분해해도 모든 부품의 무게를 더하면 반드시 제품 A의 무게로 돌아가야 합니다. 그러나 정밀 측정기로 이를 측정하면 무게에 차이가 나는 것으로 확인이 됩니다. 정확하게는, 쥐 실험과 마찬가지로 1만분의 1의 무게가 감소합니다.

제품 A와 분해한 제품의 차이는 무엇일까요? 차이는 '역할'뿐입니다. 이를 명확하게 설명하기 위해 알람 시계로 예를 들어보겠습니다.

원래 알람 시계는 정해진 시간에 일어나기 위한 의도, 즉 그럴 생각으로 만들어진 것입니다. 알람 시계를 분해하면 이 역할을 할 수 없게 되는 셈입니다. 역할(영혼)의 무게가 1만분의 1 정도 감소하는 것입니다.

이 실험의 결과가 나왔을 때, 가와다 박사는 정말 대단한 일이라며 잔뜩 흥분해 학회에 논문을 제출했습니다. 그러나 이를 1,200년 전에 밝혀낸 사람이 있음을 가와다 박사는 알게 됩니다. 그 사람은 헤이안 시대의 승려이자 불교 사상가 구카이입니다. 구카이는 다음과 같이 말합니다.

"자연계의 모든 구성은 5대五大로 이루어져 있으며 거기에 식대識大가 더해진다."

여기에서 말하는 5대란 지地·수水·화火·풍風·공空을 의미합니다. 그리고 여기에 더해진 식識은 바로 의식을 의미합니다. 이는 곧 인간의 생각이나 우주의 생각, 자연의 생각과 같은 것입니다. 구카이는 자신의 저서 《즉신성불의卽身成佛義》에 이렇게 적었습니다.

"모든 존재물에는 인간이나 자연계의 의식이 들어 있으며, 그것으로 구성되어 있다. 이를 6대라고 한다"

만물은 역할을 가질 때 영혼이 깃들게 되고, 생명력이 깃들게 됩니다.

그렇다면, 당신만의 역할은 무엇일까요? 이는 죽음을 마주할 때 비로소 분명해집니다. 죽음은 삶의 끝이지만, 그렇기에 우리에게 유한성을 상기시키며, 그 안에서 진정한 가치를 찾게 해주기 때문입니다.

예를 들어 당신이 갑작스러운 병으로 시한부 판정을 받

았다고 가정해 봅시다. 시한부 판정을 받은 순간 당신은 무엇을 가장 먼저 떠올릴까요? 아마도 당신의 삶에서 가장 소중했던 사람들, 이루고 싶었던 꿈들, 그리고 당신이 남기고 싶은 것들일 것들을 떠올리게 될 것입니다. 자신의 삶을 돌아보며 정말 중요한 게 무엇이었는지 생각하게 되는 것입니다.

당신만의 역할, 즉 나만이 할 수 있는 일은 이러한 순간에 더욱 분명해집니다. 이는 단순히 직업에 국한되는 게 아닙니다. 나만이 할 수 있는 일이란 나의 고유한 경험과 감정, 그리고 내가 사랑하는 것들로부터 비롯됩니다.

당신이 하나뿐인 존재라면 당신 옆에 있는 사람들도 하나뿐인 존재인 것이고, 그들에게 준 사랑과 친절은 다른 누구도 대신할 수 없는 것입니다.

나만이 할 수 있는 일은 아주 작은 것일 수도 있습니다. 친절한 미소, 뜻밖의 배려처럼 말입니다. 중요한 것은 이 사소해 보이는 것들이 그것이 다른 누구도 아닌 나만이 할 수 있는 것이라는 점입니다. 그 역할이 작든 크든 상관없습니다. 삶의 의미는 이렇게 단순해 보이는 곳에서 나옵니다.

자, 당신에게 주어진 삶을 어떻게 살아갈 겁니까? 죽음을 마주하는 것은 단순히 떠날 준비를 하는 것이 아닙니다. 우리가 남긴 것들에 대해 생각하고, 남은 시간을 어떻게 보낼 것인지를 고민하는 과정입니다. 가족을 다정하게 대하거나, 낯선 사람에게 친절을 보이거나, 친구나 직장 동료를 격려하는 것도 오로지 당신에게만 가능한 일입니다. 왜냐하면 당신의 역할은 어느 누구도 아닌 당신만이 해낼 수 있기 때문입니다. 지금 이 순간 당신만의 역할을 찾고 그 역할을 충실히 수행하며 살아가길 바랍니다.

오늘 하루, 당신의 역할은 무엇이었습니까?

단 한 명뿐인 나 자신을,
단 한 번뿐인 인생을 진정으로 살지 않았다면
인간으로 태어났다는 보람이 없지 않겠는가.

야마모토 유조(작가)

19장

담담하게 흐르는 평범한 일상의 행복

제가 탭댄스를 시작한 계기는 기타노 다케시 감독의 영화 〈자토이치〉의 탭댄스 장면 때문이었습니다. 영화 마지막의 탭댄스 장면에 감동感動을 받은 저는 '느꼈으니感 즉시 움직이자動'는 생각으로 마음을 다잡고 탭댄스 학원의 문을 두드렸습니다. 원래 음치인 데다가 리듬감이 없는 저는 탭댄스를 시작한다는 사실만으로도 심장이 두근거렸습니다.

제가 다닌 곳은 전문가를 목표로 수업하는 학원이 아니라 회사원이나 주부들이 취미로 다니는 학원이었습니다. 그럼에도 불구하고 저는 수업에 따라가지 못했습니다. 1년 동안 수업을 듣고도 전혀 나아지지 않아 항상 홀로 다른 동작을 연습할 정도였습니다. 심지어 5년을 연습한 뒤에도 3개월 연습한 초보자에게 뒤처지고 말았습니다. 결국 저는 좌절에 빠지고 말았습니다. 분한 마음에 화장실에서 울기도 했고, 심지어 심리상담가를 찾아가 상담을 받기까지 했습니다. 그때만큼 노력이 의미 없다는 생각을 해본 적이 없을 정도였습니다. 고민 끝에 저는 탭댄스를 그만두게 되었습니다.

그러나 당신이 했던 노력이 의미 없어 보여도 다른 형태의 의미를 가지는 순간이 있습니다. 인생을 돌아보았을 때, 운명이 바뀌는 순간이 있습니다. 예를 들어 평범해 보이는 어느 날, 저는 세미나에 참석하게 되었습니다. 세미나 장소에 도착한 저는 가방으로 자리를 맡아두고 화장실에 갔습니다. 화장실에서 돌아오니 옆자리에 어떤 여자가 앉아 있었습니다. 그 여자는 제게 말을 걸었습니다.

"저, 이번에 심리학 박사인 고바야시 세이칸 씨가 워크샵을 주최하는데, 참석하실 의향 있으세요?"

워크샵에 대해 물어봤더니, 5일 동안 합숙을 하면서 사물을 바라보는 시각을 바꾸는 프로그램이라고 했습니다. 하지만 평범한 회사원이 주중 5일 동안 휴가를 낸다는 건 거의 불가능한 일이었습니다.

"저는 이 워크샵에 참여하고 나서 세상을 보는 시각이 완전히 변했어요. 정말, 정말 추천드려요."

그 여자의 설득력 있는 눈빛과 진지한 권유에 호기심이 생긴 저는 계속 이야기를 들었고, 결국 어떻게든 일정을 조정하는 데에 성공해 워크샵에 참가하게 되었습니다. 워크샵에 참가한 뒤 제 인생은 정말 그 여자가 말한 것처럼 송두리째 변하게 되었습니다. 주최자로 워크샵에 참가한, 세미나에서 만난 그 여자가 합숙 이후 제게 말했습니다.

"그날 세미나 장소에 들어가자마자 당신의 큰 가방이 눈에 바로 들어왔어요. 그래서 그 옆에 앉아야겠다고 생각했죠."

당시에 저는 정말 큰 가방을 가지고 다녔습니다. 탭댄스를 추기 위한 신발과 갈아입을 옷을 집어넣기 위해서였습니다. 제 인생을 바꿀 5일간의 경험을 하게 해준 것은 그렇게 열심히 노력했어도 아무런 보상을 받지 못했던 5년간의 탭댄스 덕분이었습니다.

인생은 어디에서 어떻게 흘러갈지 모를 재미가 있습니다. 그리고 삶은 설령 어떤 부분이 부족하다고 생각하더라도 아름다운 한 장의 그림입니다. 그게 무엇이든 계속해서 노력한다면 운명은 후회가 아닌 예기치 못한 선물을 들고 당신을 찾아오곤 합니다.

힘든 날이든, 화장실에서 눈물을 흘리는 날이든, 오늘이라는 하루는 아름다운 그림을 완성하는 퍼즐 조각입니다. 예전에 저는 이상적인 누군가가 되지 않으면 행복해질 수 없다고 생각했습니다. 그러나 고바야시 씨는 제게 가르쳐주셨습니다.

"담담하게 흐르는 평범한 일상이 행복의 본질이다."

눈이 보이지 않는 연인은 항상 상대방의 얼굴을 만질

수밖에 없다고 합니다. 그들의 꿈은 상대방의 얼굴을 1초라도 보는 것이라고 합니다. 소아암 병동에 있는 아이들의 꿈은 엄마 아빠와 식당에 가는 것, 집에 돌아가는 것, 어른이 되는 것입니다.

보이는 것, 들리는 것, 말하는 것, 걷는 것, 친구가 있는 것, 오늘 저녁을 먹을 수 있는 것, 집에 돌아갈 수 있는 것…… 이미 우리는 행복으로 둘러싸여 있습니다. 우리는 지금, 꿈 같은 매일을 살고 있습니다. 행복은 미래에 있는 게 아니라, 현재에서 찾아내는 것이었습니다. 지금 행복할 수 있습니다. 왜냐하면 행복은 깨닫는 것이라는 사실을 알았기 때문입니다.

인생의 목적은 행복해지는 것이 아닙니다. 행복은 시작점입니다. 행복에서 꿈을 향해 나아가는 것이 인생인 것입니다. 지금 당장이 불만족스러워 행복을 추구하는 사람은 설령 꿈을 이루더라도 그곳에서 새로운 불만만을 찾게 될 것입니다.

그러니 행복을 목표로 하지 말고 행복에서 시작해 봅시다.

안타깝게도, 고바야시 세이칸 씨의 워크샵은 더 이상 받고 싶어도 받을 수 없습니다. 2011년 10월 12일, 세이칸 씨가 세상을 떠났기 때문입니다. 장례식에서 저는 눈이 부을 정도로 울었습니다. 하지만 지금은 외롭지 않습니다. 그는 제 마음속에서 살아 있기 때문입니다. 여기에서 묻고 싶습니다. 당신은 죽은 뒤에 누구의 기억에 남을까요? 누구의 기억에 남고 싶나요?

어떤 사람으로 기억되고 싶은지를

스스로에게 평생 물어봐라.

피터 드러커(경영학자)

4부

인생의 파도에 휩쓸렸다고 생각했을 때 저 멀리 등대가 보였다

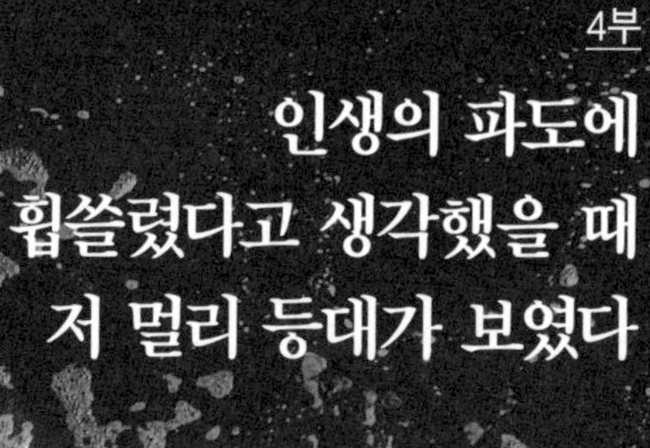

20장

머리가 원하는 것과 마음이 원하는 것

제 친구의 이야기를 해드리겠습니다. 그 친구는 창업을 시도했지만 너무 앞서 나가려다가 자신이 가진 능력 이상으로 무리를 하게 되었고, 여러 어려움에 처해 결국 10억 원의 빚을 지게 되었습니다.

20대에 10억 원의 빚이라니. 어떻게 갚을 방법이 없어 보였을 것입니다. 그래서 친구는 생명 보험에 가입하고 차를 몰고 나가 반대편 차선의 트럭과 부딪혀 사고를 꾸며내 10억 원을 갚아야겠다고 결심했습니다.

잘못된 결심을 한 그에게는 더 이상 차분하게 상황을

판단할 능력이 남아 있지 않았던 것입니다.

그러나 그는 반대편에서 오는 트럭에 돌진할 수 없었습니다.

'이번에는 정말로!'

그러나 여전히 뛰쳐나갈 수 없었습니다.

'나는 뛰어들 용기조차 없는 걸까…….'

결국, 시도와 포기를 반복하는 날들이 계속되었습니다.

그러던 어느 날, 그는 마음을 굳게 먹었습니다. '오늘은 정말로 뛰쳐나가자. 지금까지는 너무 많이 생각하고, 고민하고, 두려움에 휩싸이는 바람에 실패했었다. 이번에는 아무것도 생각하지 않고 무심히 트럭으로 돌진할 것이다. 자, 왔다. 이번에는 아무렇지 않게 저 트럭 앞으로 돌진해 보자.'

그러자 마침내 그는 엑셀을 밟을 수 있었습니다.

하지만 그 순간, 평소에는 보이지 않았던 트럭 운전자의 표정이 선명하게 보였습니다. 운전자는 행복한 얼굴이었습니다. 그는 급브레이크를 밟았습니다.

그렇습니다. 그는 마침내 당연한 사실을 깨달았습니다.

트럭 운전수에게도 가족이 있다는 사실을 그는 마침내 깨닫게 된 것입니다.

이때 그는 '뇌라는 건 참 이기적이구나'라고 생각했다고 합니다.

'성공하고 싶다, 유명해지고 싶다, 자유롭게 살고 싶다……라고 계속 바라왔다. 그런데 사업을 시작하자마자 실패하고 10억 원의 빚을 졌다. 이번에는 돈을 갚을 수 없으니 죽어서 편해지고 싶었다. 그렇게 성공하고 싶었을 때는 언제고…… 나는 얼마나 이기적인가……'

생명보다 소중한 것은 없음을 깨달은 그는 마침내 차분해질 수 있었습니다. 그는 트럭에게 돌진하는 대신, 집으로 돌아갔습니다.

집에는 태어난 지 얼마 안 된 아들이 있었습니다. 그 모습을 보던 친구는 어느 순간 아이의 그림을 정신없이 그리고 있는 자신을 발견했다고 합니다. 전통 가옥에서 둥근 쿠션에 앉아 자신이 아이를 품에 안고 있는 그림이었습니다. 그는 그림 옆에 '내일 희망이 있다면'이라고 적은 뒤, 하고 싶은 것을 그 아래에 하나씩 써봤습니다.

내일도, 이렇게 아이를 품에 안고 싶다.

내일도 함께 밥을 먹고 싶다.

평범하게, 웃으며 살고 싶다.

그는 글을 쓰면서 눈물을 흘렸습니다. 죽음과 마주하게 되면서, 지금까지 부정적인 생각에 가려져 듣지 못했던 진심어린 마음의 목소리를 듣게 되었다는 것입니다.

그의 진정한 소망은 성공하는 것도 아니었고 유명해지는 것도 아니었습니다.

내일도 아이를 품에 안고 싶고, 가족과 함께 밥을 먹고 싶고, 평범하게 웃으며 사는 것이 진정한 그의 소망이었습니다. 그는 '뇌'가 원하는 것과 '마음'이 원하는 것이 다르다는 것을 깨달았습니다.

'아무리 힘들어도 괜찮아. 낮에 일하고, 밤에는 페스트푸드 가게에서 아르바이트하며 빚을 평생 갚아나가면 된다.'

편해지고 싶다는 이유로 죽음을 선택하려고 했던 뇌의 이

기적인 행동이 어리석게 느껴져, 그는 죽음을 포기했습니다.

현실을 받아들인 그는 그때부터 매일 주어지는 일로부터 도망치지 않고 하나씩 실행을 해나갔습니다. 그 결과, 다시 일어설 수 있었습니다. 이제 그는 작가로 활동 중이며, 여러 권의 책을 냈습니다. 그는 바로 《요령이 힘이다》의 저자인 노자와 다쿠오 씨입니다.

죽음을 마주하고 미래가 사라지는 순간, 중요하지 않은 것들은 모두 의미가 없어집니다. 그렇게 되면 바로 그 순간, 현재에 존재하는 본질과 만나게 됩니다.

즉, 마음(본질)을 되찾는다는 것입니다. 그 안에 진정한 당신이 있습니다.

이제 질문을 하나 던져 봅시다.

당신이 편안해지는 순간은 언제입니까?

편안해지는 순간, 자신의 진심과 마주하게 됩니다.

그 시간을 더 늘리기 위해서 오늘부터 할 수 있는 일은 무엇입니까?

왜 당신은 계속해서 은행 계좌만 신경 쓰는가?

왜 당신은 자신의 마음이 연주하는 리듬을

소중히 여기지 않는 것인가?

밥 말리(음악가)

21장

내일이 마지막이라고 해도 해야 할 일

20장에서 언급한 노자와 다쿠오 씨에 대한 이야기가 더 있습니다. 노자와 다쿠오 씨와 저는 저의 출판 기념 파티에서 처음 만났습니다. 그 당시 그는 아직 10억 원의 빚을 짊어지기 전이었지만, 처음 만난 순간 제가 그에게 이렇게 말했다고 합니다.

"뭐든 괜찮으니 1,000번 마음을 담아 해보십시오. 그러면 운이 따라와요."

저는 제가 그 말을 했다는 사실을 잊어버려 기억에 남아 있지는 않습니다. 그 당시 저는 '명언 테라피'라는 블로

그를 시작하여 매일 하나씩 마음에 와닿는 말을 적었습니다. 1,000개를 쓸 즈음에는 책도 출판되었고, 팬들도 생겼으며, 제 주변에는 저도 놀랄 만한 변화가 나타나고 있었습니다.

1,000번. 마음을 담아서 무엇이든 1,000번 해본다면, 이전까지와는 다른 새로운 사람이 될 수 있습니다. 이런 경험을 실제로 겪고 있던 저는 제가 깨달은 것을 노자와 다쿠오 씨에게 전했던 것 같습니다.

마침 그는 지금까지 고민했던 일들을 노트에 적는 습관이 있었습니다. 그는 자신의 고민에 대해 여러 사람들에게 상담을 받았고, 상담을 통해 받은 조언을 '인생의 작은 비결'로 정리해서 다이어리에 기록해 나가고 있었습니다.

'뭐든 괜찮으니 1,000번 마음을 담아 해보라는 말을 실행해보자. 앞으로 1,000번, 매일 인생의 작은 비결을 전하자.'

그는 그렇게 결심하고, 날마다 메일 메거진을 쓰기 시작했습니다. 그러던 어느 날 그는 읽고 있던 책에서 다음과 같은 질문을 만나게 됩니다.

'반년 후에 죽는다면, 무엇을 하시겠습니까?'

'한 달 후에 죽는다면, 무엇을 하시겠습니까?'

'내일 죽는다면, 무엇을 하시겠습니까?'

노자와 다쿠오 씨는 이 질문에 대한 답을 진지하게 생각하고, 각각 노트에 적어보았습니다. '내일 죽는다면, 무엇을 하시겠습니까?'라는 질문에 그는 다음과 같이 적었습니다.

"아버지. 많이 곤란하게 했지만, 다시 태어나기로 결심한 25살부터는 매일 최선을 다해 살아왔습니다. 이 일기장에는 어떤 어려움을 극복해 왔는지 그 증거가 모두 담겨 있습니다. 미리 죄송합니다. 아버지의 아들이라 다행입니다."

내일 죽는다면 아버지에게 그렇게 말한 뒤, 지금까지 자신이 적어온 일기장을 건네주는 것이 노자와 다쿠오 씨의 답이었습니다.

그리고 하나 더, "내일 죽는다고 해도, 메일 매거진은 쓸 것이다"라고 적었습니다. 10억 원의 빚을 짊어진 그날,

트럭에 뛰어들어 액셀을 밟은 그날도 그는 메일 매거진을 써서 보내주고 있었습니다. 어떻게 자살을 시도하던 날에도 메일을 보내줄 수 있었을까요?

그 이유는 빚을 짊어지기 전에 진지하게 생각해 본 '내일 죽는다면 무엇을 하시겠습니까?'라는 질문에 이렇게 답을 내렸기 때문입니다.

내일 죽는다고 해도, 메일 매거진은 쓸 것이다.

노자와 다쿠오 씨에게 있어서 메일 매거진은 매일 가족에게 쓰는 편지였습니다. 삶의 마지막 날이기 때문에 꼭 해야 하는 것, 그것은 아버지에게 편지를 쓰는 것과 메일 매거진을 보내는 것이었습니다. 오늘은 꼭 죽고 말 거라고 생각한 날마다 독자들로부터 '노자와 씨의 이야기로 용기를 얻었다'라는 감사의 메일이 왔다고 합니다. 그리고 1,000일 이상 매일 보냈던 메일들이 다시 일어설 수 있는 불꽃이 됩니다. 독자들 사이에서 노자와 씨를 응원한다는 팬들이 나타나고, 그의 책을 출판하고 싶어하는 출판사도 몇 군데 나타난 것입니다.

'반년 후에 죽는다면, 무엇을 하시겠습니까?', '내일 죽는다면, 무엇을 하시겠습니까?' 이 질문들이 노자와 씨의 인생을 바꿨습니다. 여러분도 같은 질문을 스스로에게 던져보십시오. 질문을 통해 나온 답을 다음 장에 하나씩 써보시면 됩니다.

반년 후에 죽는다면 무엇을 하시겠습니까?

지금 하는 일을 그대로 계속하시겠습니까?

만약 그렇다면 어떤 일을 계속하게 되는 건가요?

만약 아니라면 그만둘 일은 어떤 걸까요?

내일 죽는다면 무엇을 하시겠습니까?

가장 중요한 것에 가장 중요한 삶을 걸어라.

아이다 미츠오(시인, 서예가)

22장

몸속을 떠도는 부정적 감정

"인간은 누구든 죽는다."

스리랑카 상좌불교의 장로인 알루보물레 스마나사라의 어머니는 3, 4살부터 아들에게 인간은 누구나 죽는다는 것을 가르쳤다고 합니다. 스마나사라는 어머니의 가르침 덕분에 헤매지 않고 올바른 진리를 체득할 수 있었다고 말합니다.

모든 사람은 머릿속에서 자신은 죽지 않을 거라는 막연한 생각으로 살아가고 있습니다.

그래서 죽을지도 모른다는 생각이 들었을 때, 공포에 사로잡히는 겁니다. 자신은 죽지 않을 것이라는 막연한 생각은 하루빨리 없애 버리는 것이 좋습니다. 인간은 죽는 존재임을 자각함으로써 세상을 똑바로 볼 수 있고, 올바른 철학을 탄생시킬 수 있습니다.

불교에는 'Yathā idaṃ tathā etaṃ(야타 이담 타타 에탕)'이라는 말이 있습니다. 장례식에서 죽은 사람과 대면했을 때, '이 몸처럼 당신의 몸도 그렇게 될 것이고(야타 이담)' '저 몸처럼 나의 몸도 그렇게 될 것이다(타타 에탕)'라고 하여, 타인의 죽음을 통해 자신의 죽음을 살펴보는 것입니다.

그러므로 반려동물이 죽었을 때도 아이에게 "강아지는 천국에 갔어. 항상 네 곁에서 너를 지켜보고 있단다"와 같은 말을 해주는 것이 아니라 살아 있는 모든 존재는 언젠가는 죽는 것임을 명확하게 가르쳐 주어야 한다고 스마나사라는 말합니다. 또한, 죽어가는 사람을 돌보는 행위는 상상을 초월할 정도로 덕을 쌓는 일이라고 합니다. 왜냐하면 죽어가는 사람을 세밀하게 관찰할 수 있기 때문입니다.

어떻게 죽을지 묻는 것은 어떻게 살 것인지 묻는 것과 같습니다. 그리고 어떻게 살 것인가에 대한 답은 어떻게 자기 자신을 받아들이는가에 달려 있다고 생각합니다.

'죽음을 보지 않는다'는 것은 '본질을 보지 않는다'는 것입니다. 자신이 보기 싫은 걸 피해버리는 삶의 방식입니다. 그렇게 되면 자기 자신에게 솔직해질 수 없습니다. 아무리 노력하더라도 가장 가까운 존재인 자기 자신에게 편안함을 느낄 수 없습니다. 싫은 것을 자신의 주관만으로 판단하지 않고 본질 그대로를 보려고 한다면, 그것을 활용할 수 있습니다.

예를 들어, 당신이 고추를 싫어한다고 가정해 봅시다. 냉장고에 고추가 있다는 사실을 계속 무시하기만 하면 고추는 썩어만 갑니다. 그러나 냉장고 안에 고추가 있다는 사실을 받아들이기만 하면 고추를 얇게 썰어 요리에 넣을 수 있습니다.

존재를 온전히 받아들이지 않고는 진리에 닿을 수 없습니다. 죽음을 바라보고 자기 자신의 존재를 온전히 받아들일 때, 당신의 마음은 해방됩니다. 여기에서 중요한 건 자신의 존재를 온전히 받아들이는 것입니다. 그러기 위해서는 자신의 존재를 온전히 봐야만 합니다. 하지만 대부분의 사람들에게 이는 쉽지 않은 일입니다. 부정적 감정이 자기 자신을 똑바로 바라보는 것을 막고 있기 때문입니다. 마음을 해방시키기 위해 내면의 부정적 감정과 어떻게 대화해야 하는지를 말씀드리겠습니다. 예를 들어, 질투나 불안 같은 부정적 감정이 나타날 때, 그 감정이 몸의 어디에 있는지 느껴보십시오.

감정은 몸의 감각과 연결되어 있습니다.

긴장이나 과도한 책임감에 의한 중압감은 어깨나 목 주위에 나타나기 쉽습니다. '어깨의 짐을 내려놓았다', '긴장해서 머리가 제대로 돌아가지 않는다'라는 표현을 쓰는 이유는 말 그대로 감정과 몸이 연결되어 있기 때문입니다. 애정 결핍, 고독, 자기혐오의 고통은 가슴에 나타나기 쉽습니다. 그래서 '가슴이 아프다'라든가 '가슴이 뻥 뚫

린 것처럼 외롭다'와 같은 표현이 생긴 것입니다. 또한, 하고 싶은 말을 참거나 입막음을 당한 경우에는 목에, 하기 싫은 일을 억지로 하는 경우에는 위에, 불안이나 두려움, 분노는 아랫배에 통증이 나타나기 쉽습니다.

이런 부정적 감정이 나타날 때는 그 감정을 무작정 거부하고 억누르는 대신 감정이 나타나는 몸의 부위에 손을 올려놓으십시오. 좋다, 나쁘다 같은 가치 판단은 유보한 채 느껴지는 감정을 그대로 받아들이면 됩니다. '나는 지금, ○○을 느끼고 있구나'라고 해당 감정이 느껴지는 몸의 부위에 말해주어 그 부정적 감정이 '존재하는 장소'를 만들어주면 됩니다. 이런 방식으로 자신의 부정적 감정이 몸의 어디에 있는지를 알아차린 순간, '내가 외로운 게 아니라 내 가슴이 외로워하고 있다'라고 부정적 감정과 자신 사이에 한 걸음 거리를 둘 수 있게 됩니다. 그렇게 되면 자신의 감정이 객관적으로 보입니다. 자신의 부정적 감정은 중학교나 고등학교 시절 반에 한 명씩은 꼭 있었던 비행 청소년처럼 존재합니다. 그런 학생들은 자신에게 벌만 내리는 선생님 앞에서는 나쁜 짓을 하지만, 대화하고 받아들이려고 하는 선생님 앞에서는 참 좋은 학생이었잖습니까.

영원히 사는 사람은 없습니다. 그러니 성공을 위해 자기 자신이 아닌 다른 사람으로 위장하는 것보다는 오히려 실패하더라도 자신의 감정을 받아들이고, 객관적으로 바라보고, 스스로를 바라보는 게 중요합니다. 위장하며 사는 것보다 본래 모습 그대로 살아가는 게 더 가치 있는 삶 아닐까요? 당신은 대체 누가 되려고 하는 겁니까? 동경하는 사람이 있어도 그 사람과 같아질 필요는 없습니다. 당신은 세계에서 유일한 존재입니다. 당당하고, 자기 자신다운 모습으로 충분합니다. 당신의 모습에 결점이 있다고 하더라도, 그건 당신의 개성이자 매력이기도 합니다. 본래 모습을 받아들이는 순간, 당신은 자신의 마음과 진정으로 연결되고 '나다운' 삶을 살 수 있게 됩니다.

자신의 감정이 몸의 어느 부위에서 느껴지는지

정리해 보십시오.

궁정적 감정

부정적 감정

인간의 수명은 한정되어 있습니다.
그러나 인간의 폭을 넓히는 것은 무한히 가능합니다.
한정된 삶을 무한히 살기 위해서는
인간의 폭을 넓혀야 합니다.

가기야마 히데사부로(옐로우햇 창업자)

23장

우리는 너무 많이 생각하고 너무 적게 느낀다

애플의 창업자이자 21세기 혁신의 아이콘으로 불린 스티브 잡스는 죽음을 가장 잘 활용한 사람이었습니다. 다음은 잡스의 스탠퍼드대학교 연설 중 일부입니다.

> 17살 때 이런 말을 들었습니다.
>
> "항상 오늘이 인생의 마지막 날이라고 생각하며 살아가자. 그러면 언제부턴가 옳은 길을 걷고 있을 것이다. 결국 죽음은 반드시 오고 말 것이다."

그 말은 정말 인상적이었고, 그날을 기점으로 33년 동안 저는 매일 아침 거울에 비친 자신에게 이렇게 물어보는 걸 하루 루틴으로 삼아왔습니다.

'만약 오늘이 인생의 마지막 날이라면 지금 하려고 하는 일을 할 것인가?'

(중략) 모든 기대, 자부심, 부끄러움, 두려움은 죽음 앞에서 사라집니다. 죽음 앞에서는 정말 중요한 것들만 남습니다. 그러니 죽음을 생각한다는 것은 실패의 두려움에서 벗어나는 최고의 방법입니다.

여러분이 만약 스스로에게 이 질문을 던졌을 때 아니라는 대답이 몇 번이고 이어진다면 삶을 다시 돌아봐야 합니다. 자신의 마음을 따르지 않을 이유는 없기 때문입니다.

아이폰과 아이팟 같은 애플 제품의 독창적 디자인과 스티브 잡스의 비범한 집중력은 모두 학문에서 얻은 깊은 깨달음에서 나온 것이라고 합니다. 그런 의미에서 잡스의 혁신은 삶의 깨달음에서 오는 것이라고도 할 수 있습니다. 잡스는 정말 중요한 것이 무엇인지, 목숨을 바쳐서라도 자신이 하고 싶은 일이 무엇인지 알고 있었던 것입니다.

그러는 한편, 몸을 바쳐 나라를 지켜낸 무인武人들이 가진 삶의 태도 또한 '어떻게 죽을 것인가'로 연결됩니다. 다시 말하면, 무인들은 '이 목숨을 무엇에 바칠 것인가'를 항상 물어보던 사람들이었습니다. 일본 '무사도'의 성전이라 일컬어지는 책인 《하가쿠레》에도 이런 말이 적혀 있습니다.

"무사도는 죽음을 마주했을 때 발휘된다. 즉, 삶과 죽음의 기로에서 죽음을 택한다는 것이다"

이는 죽음이 있기에 목숨의 소중함을 깨닫고, 소중한 목숨을 어떻게 사용할 수 있을지 진지하게 생각할 수 있다는 것입니다. 완전한 죽음을 맞이하기 위해, 지금, 여기, 이 순간을 완전히 살아가려고 노력하자는 뜻입니다. 무인들은 언젠가 죽을 수밖에 없는 운명이라는 것을 일상에서도 언제나 마음속에 새기고 있었기 때문에, 가장 중요한 순간이 왔을 때 다른 이를 위해 목숨을 바칠 수 있었던 것입니다.

《약간의 거리를 둔다》, 《타인은 나를 모른다》의 저자이자 베스트셀러 작가인 소노 아야코 씨는 교육에서 '죽음'을 설명하지 않는 것이, 어른들과 교육자들의 태만이라고 주장합니다. 태국의 절에서는 시체를 보며 명상을 하는 수행도 있습니다. 죽음을 금기로 여기지 않고, 죽음에 당당하게 마주하면 '모든 것은 변화하고 흘러감(무상)'을 깨닫게 됩니다.

한 연구 결과에 따르면 인간은 하루에 6만 번 이상 생각한다고 합니다. 그런데 그중 90%는 전날과 같은 내용의 생각이라고 합니다. 결국 인간은 하루의 대부분을 바꿀 수 없는 과거나 아직 일어나지 않을(아마도 일어나지 않을) 미래에 대한 불안으로 스스로를 좀먹으며 괴롭히고 있다는 겁니다.

다음 식사 때, 당신이 음식을 먹으면서 얼마나 많은 생각을 하고 있는지 의식해 보십시오. 아마도 쓸데없는 생각만 하고 있었다는 사실에 놀라실 겁니다. 그러니 '오늘, 나는 죽는다'라고 생각하며 하루를 시작해 보십시오. 그렇게 하면 과거의 일들은 아무렇지 않은 게 될 것입니다. 무언가에 대한 고민이 깊어질 때는 '오늘이 인생의 마지막 날'이라고 소리내어 말해 보십시오. 그동안 가지고 있던 미래에 대한 불안도 어이없게 느껴질 정도로 아무것도 아닌 일이 될 것입니다.

사랑하는 사람이 지금 눈앞에 있는데도 머릿속으로 지나간 과거나 아직 오지 않은 내일의 일을 고민하고 있습니다. 이렇게 살아도 괜찮을까요?

쓸데없는 생각만 하다 보면 지금 이 순간, 나를 스쳐지나가는 바람을 놓치게 됩니다. 인생은 지금 이곳에만 존재하는데도 불구하고요.

불교 수행법 중 하나인 선禪 또한 동일한 발상에서 시작됩니다. 의식을 흩트리지 않고 '지금, 여기'에 온전히 존재하고 있는 것이 선의 극치입니다.

당신은 '오직, 지금, 여기에' 있습니다.

죽음을 받아들이는 순간, 비로소 자신이 얼마나 많은 것을 놓치고 있었는지 알게 됩니다.

과거에 연연하지 말고

미래를 꿈꾸지 말고

현재에 집중하라.

부처

24장

왜 작별의 시간이 되어서야 후회할까

"저는 항상 지금 이 순간이 마지막이라고 생각하고 있습니다."

이는 어떤 주지 스님이 가고시마의 사찰을 방문한 NPO 단체 '메이크 더 헤븐MAKE THE HEAVEN' 대표 덴스쿠만 씨에게 한 말입니다.

"당신에게 차를 대접하는 건 분명 마지막이겠죠. 그러니 마음을 담아 대접하겠습니다. 만약 괜찮으시다면, 이번 생에서 차를 마시는 것이 마지막이라고 생각하고 마셔 주세요."

덴스쿠만 씨는 그 말을 들은 뒤 차를 마시는 기분이 변했고, 향에 즐거움을 느끼고 아름다운 색에 감동하며 맛을 깊이 체감할 수 있었다고 합니다. 차를 한 모금 마시는 순간 행복이 천천히 몸 전체에 퍼져나가는 느낌까지 느꼈다고 합니다. 그건 평생 먹어본 차 중 가장 맛있는 차였습니다. 덴스쿠만 씨는 다음과 같이 말했습니다.

눈앞의 아이와 함께 있을 수 있는 건 오늘이 마지막일지도 모릅니다. 남편이나 아내가 회사에 갈 때, '잘 다녀와'라고 할 수 있는 건 오늘이 마지막일지도 모릅니다. 오늘 먹은 점심이 마지막 식사일지도 모릅니다. 오늘이라는 하루가 인생의 마지막일지도 모릅니다.

우리는 무의식적으로 내일도 살아 있을 것이라고 생각하고, 내년에도 살아 있을 것이라고 생각하고 있습니다. 20년, 30년, 40년이 지나도 살아 있을 것이라고 생각하고 있습니다. 그게 당연하다고 생각할 때, 사람은 감사를 느끼지 못합니다. 당신이 당연하다고 생각하는 것들이 정말 당연한 걸까요? 어머니, 아내, 혹은 남편이 밥을 해주고, 도시락을 싸주는 걸 당연하다고 생각하나요?

디즈니랜드의 스태프들은 '눈앞의 손님이 디즈니랜드에 오는 건 이게 마지막일지도 모른다'라는 일기일회一期一會의 마음으로 일한다는 이야기를 들은 적이 있습니다. 이는 1985년 여름의 비행기 추락 사고 때문이라고 합니다. 사망한 승객들 중 디즈니랜드에서 놀고 난 뒤 그 비행기에 탑승한 사람이 있었던 것입니다. 그 사람의 사진은 아직도 디즈니랜드의 스태프룸에 붙어 있다고 합니다.

5분 뒤에 어떤 일이 벌어질지는 아무도 모릅니다. 우린 '다음에 봐', '또 봐', '연락해'라고 말하지만 사실 다음에 볼 수 있을지 없을지는 알 수 없는 것입니다. 디즈니랜드에서 놀이기구 설명을 하는 스태프는 종일 같은 설명을 반복해야 하므로 일이 지루할 거라고 사람들은 생각합니다. 그러나 스태프가 '이 손님이 디즈니랜드에서 놀게 되는 건 마지막이 될 수도 있다'라고 생각하면 어떨까요?

나고야에는 '빨간불이 없는 건널목'이라고 불리는 곳이 있었습니다. 나고야 전철과 JR 열차 노선이 교차하는 곳으로, 어쩔 때는 수많은 전철 때문에 15분 동안 건널목이 열리지 않게 됩니다. 한번은 친구가 길을 건널 때 15분 가까이 건널목이 열리길 기다리는 바람에 화가 났다고 합니다.

그 후 몇 년이 지났습니다. 친구는 그 건널목이 철거되어 없어졌다는 소식을 신문에서 접했습니다. 이제는 그 건널목을 더 이상 건널 수 없게 되었다는 사실에 친구는 그때 15분을 기다려서 다행이었다고 생각했다고 합니다. 이게 마지막이라고 생각하면 15분 정도는 건널목에서 기다릴 수 있다는 겁니다.

오늘 작별할 줄 알았다면, 싫어하는 사람이라도 조금은 용서할 수 있을까요?

지금 하고 있는 일이 당신의 마지막 일이라면, 일을 손에서 놓을 수 없을 겁니다. 오늘이 마지막이라고 생각하면, 감정에 휩쓸려 아이를 심하게 꾸짖지 않을 겁니다. 오늘이 마지막이라고 생각하면, 아내나 남편에게 상냥한 미소를 지을 겁니다.

여기에서 하나 더, 제 친구로부터 온 이메일을 소개하겠습니다.

히스이 씨, 안녕하세요.

그저께 회사 동료가 1년간의 투병 생활 끝에 세상을 떴습니다. 잠시 호전하는 듯했지만, 병이 재발한 것 같습니다.

그와 저는 몇 년 전에 같은 프로젝트에서 함께 일한 동료였습니다. 그러나 어떤 일이 계기가 되어 이메일로 싸우게 되었고, 그 후로는 대화를 나누지 않게 되어 사이가 멀어졌습니다. 1년 정도 후에 그에게서 '예전에 메일로 그런 말을 해서 미안해'라는 사과를 받았습니다. 하지만 아직 제 마음에 앙금이 남아 있어 그 메일에 답장을 보내지 않았습니다. 그와의 연락은 그것이 마지막이었습니다. 그는 계속해서 저와의 일을 신경 쓰고 있었습니다. 그를 용서할 수 없더라도, 그날의 메일이 마지막인 것을 알았다면, 나는 어떻게 대응했을까요…….

'일기일회'라는 말에는 '지금 이 순간은 생애 한 번뿐이며, 지금 당신과 나의 만남은 생애 단 한 번의 인연'이라는 의미가 담겨 있다고 합니다. 오늘 그가 세상을 떠났다는 소식을 듣고 이 말이 먼저 떠올랐습니다.

대학생 때 뇌종양으로 죽을 뻔했다는 이야기를 그에게서 들은 적이 있습니다.

그는 "그 이후부터는 최선을 다해 살아가게 되었어"라고 말했습니다. 일이나 일상에서 그와 의견이 충돌하거나, 엉뚱한 행동에 휘말렸을 때 저는 그를 자기중심적인 사람이라고 생각했습니다. 하지만 지금은 그를 이해합니다. 그는 현재, 지금 이 순간을 살아가는 사람이었습니다. 다시 그와 만난다면 "오랜만이야"하고 너스레를 떨며 안아주고 싶다고 생각하고 있습니다.

가토 마키코

이게 인생 마지막 인사다.

이게 인생 마지막 출근이다.

이게 인생 마지막 전화다.

이게 인생 마지막 메일이다.

이게 인생 마지막 키스다.

이게 인생 마지막 독서다.

이게 인생 마지막 안녕이다.

이게 인생 마지막 사과다.

이게 인생 마지막 감사다.

이런 식으로 이 순간이 마지막이라고 생각하고, 항상 지금今 마음心을 담아 살아가면 온전한 생각念이 완성됩니다. 그러면 여기에서 앞에 드렸던 질문을 다시 드리겠습니다. 당신은 오늘 작별할 줄 알았다면, 싫어하는 사람이라도 조금은 용서할 수 있을까요? 용서할 수 있다면 그 이유는 무엇이고, 용서할 수 없다면 그 이유는 무엇일까요? 당신의 완성된 생각이 곧 당신의 인생이 될 것입니다.

베푸는 것은 최고의 기쁨이다.

월트 디즈니(만화영화 제작자)

25장

복잡하지만 단순한 인생의 진리

모험하며 인생을 살아가라는 것은, 특별한 일을 해내라는 것이 아닙니다. 모험하며 살아간다는 것은 사회적 기준에 맞춰 살거나 다른 사람의 시선에 맞춰 살지 않고, 자기 자신의 가슴을 따르며 살아가는 것입니다. 그것이 진정한 삶이고, 자기 자신으로 살아가는 것입니다. 꿈과 사명은 멋진 것이지만, 그렇다고 해서 강제로 가져야 하는 것은 아닙니다. 남의 가치관에 따라 꿈을 이룬다면, 그건 진정한 자신의 인생이 아닙니다.

당신이 정말 하고 싶은 것을 하며 살아가는 것이 가장 중요합니다.

어느 메이크업 아티스트로부터 들은 이야기입니다. 많은 사람들이 습관적으로 하는 화장은 어색하다고 합니다. 이는 본래 얼굴과 맞지 않는 스타일을 선호하는 경우가 많기 때문입니다. 자신의 얼굴 분위기에 맞는 화장을 하면 완전히 다른 분위기를 낼 수 있습니다. 꿈도 이와 비슷합니다. 다른 사람의 가치관에 휩쓸려 자신의 진정한 소망이 아닌 다른 꿈을 가지면 그 꿈을 이루기 어렵습니다.

'소망'에는 두 가지 종류가 있습니다. 마음 깊은 곳에서 느끼는 진정한 소망(마음의 소리)과 주변에 영향을 받아 생긴 얕은 소망(머리의 소리)입니다. 얕은 소망은 아무리 자신이 노력했다고 생각해도 결과가 나오지 않습니다. 왜냐하면, 진정성이 부족하기 때문입니다.

그렇다면 얕은 소망과 진정한 소망은 어떻게 구분해야 할까요? 예를 들어, 당신이 부자가 되어 하와이에서 살고 싶다는 꿈을 갖고 있다고 가정해 봅시다.

여기서부터는 꿈이 이뤄진 것처럼 느껴지면서 생각해 보십시오. 어떤 기분이 드나요? 무엇을 할 건가요? 답변의 구체적인 예를 들어봅시다.

"매일 해변을 산책하고, 맛있는 음식을 먹고 편안하게 쉴 거예요."

여기서 자신에게 물어보십시오.

"그런 다음에는?"

"쇼핑도 실컷 하고, 수상레저에 도전할 거예요."

"다음에는?"

"집에서 책을 읽을 거예요."

"다음에는?"

"음, 감자칩 사러 갑니다."

"응? 감자칩? 하하. 다음에는?"

이렇게 계속해서 "다음에는?"이라고 물어보면서 구체적인 상상을 해나가고, 마지막에는 마음 깊은 곳에서 흥분과 기쁨이 느껴지는지를 살펴보는 것입니다. 중요한 것은 몸이 기쁨으로 가득 차는지의 여부입니다.

만약에 그런 기쁨을 느끼지 못한다면, 당신이 그린 꿈

은 진정한 소망으로부터 나온 것이 아니라 부모의 바람이나 사회적인 성공의 상징, 또는 다른 사람의 시선에 휘둘리며 태어난 것일 가능성이 높습니다.

또한, 왜 내가 지금 꾸고 있는 꿈을 이루고 싶은 건지, 무엇을 위해서 이루고 싶은 건지 다시 한번 목적과 동기를 되돌아보는 것도 중요합니다. 같은 일을 하더라도 목적에 따라 앞에 눈앞의 현실이 변하기 때문입니다.

이제 남의 시선에 휘둘리는 대신 본인 내면의 목소리를 듣기 위한 질문을 드리겠습니다. 깊게 숨을 들이마시고, 가슴에 양손을 올려놓고, 심장 박동을 느껴보며 다음과 같은 질문을 해보십시오.

"만약 아무런 문제가 없다고 가정한다면, 정말로 쫓고 싶은 것은 무엇인가요?"

가슴 깊숙이 있는 나 자신에게 부드럽게 물어보십시오. 당장 답이 나오지 않을 수도 있지만, 이 질문을 반복하다 보면 언젠가 진정한 자기 자신의 마음을 깨닫게 될 것입니다. 자신의 마음을 깨달으면 그 후에는 마음의 목소리를 따라가며 떠오른 아이디어를 실현하기만 하면 됩니다. 삶은 복잡해 보이지만 사실 어떤 부분에서는 간단하고, 간단하지만 그 안에 깊은 의미가 있습니다.

우리는 특별한 일을 할 수 없다.

단지 작은 일을 큰 사랑으로 하는 것뿐이다.

테레사(수녀)

26장

고민이 없는 곳은 오직 무덤뿐이다

살면서 가장 행복했던 순간이 언제였는지 기억하고 계십니까? 한번 곰곰이 생각해 보고 읽어 주십시오. 음, 약간 창피하긴 하지만 여러분들께 제가 가장 행복했던 순간이 언제였는지 말씀드리겠습니다.

과거에 저는 사람과 만나는 것에 겁을 냈습니다. 대학교 1학년이 되어서야 마침내 "응, 고마워" 정도는 말할 수 있게 되었습니다. 대학교 2학년이 되어서야 맞장구를 칠 수 있게 됐고, 대학교 3학년이 되어서야, 드디어 여자친구가 생겼습니다.

여자친구를 사귈 당시에 저는 도쿄의 하치오지에 살고 있었습니다. 그녀에게 고백하고 정식으로 교제를 시작하게 된 날, 저는 너무 기쁜 나머지 세상이 너무나 아름다워 보였습니다. 집으로 돌아가는 길에 항상 지나치던 공원조차 빛이 나는 것만 같았습니다. 정말입니다. 정말로 공원이 빛나는 것처럼 보였습니다. 그날 저는 다짐했습니다, 그녀를 세상에서 제일 행복하게 만들어 주겠다고.

우리는 함께 도쿄돔에서 열리는 마이클 잭슨의 콘서트에 가게 되었습니다. 관중들이 마이클의 노래에 맞춰 "마이클! 마이클!"이라고 외칠 때, 저는 용기를 내서 그녀의 이름을 도쿄돔에 울려 퍼지도록 큰 소리로 외쳤습니다.

지금 생각해도 마이클 잭슨에게 미안한 짓이었지만, 부끄러움이 많은 제가 그렇게 크게 외칠 수 있었던 건 그녀와 사귀게 된 게 진심으로 기쁜 순간이었기 때문이었습니다. 그러면 이제 이야기의 본론으로 들어가 보겠습니다.

여러분에게도 기쁜 순간이 있었을 겁니다. 그건 누구의 덕분일까요?

삶에는 우리가 스스로 만들어낼 수 없는 기적들이 있다는 사실을 명심해 주십시오. 여러분이 태어나는 것부터가 이미 부모님이 만들어낸 기적이며, 우리는 기적적으로 태어나서 존재하게 된 것입니다. 빅뱅 이후 137억 년이라는 긴 시간 동안, 여러분은 무無의 영역에 있었습니다. 그러나 여러분의 부모님이 기적을 만들어내어, 당신은 울음소리와 함께 이 세상에 나올 수 있게 되었습니다. 그 덕분에 기쁠 수 있습니다. 화를 낼 수 있습니다. 슬픔을 느낄 수도 있습니다. 즐길 수도 있습니다. 이게 얼마나 대단한 일인지 당신은 알고 있으십니까? 당신의 존재에 눈물을 흘리고 기뻐할 가치가 있습니다. 죽을 수도 있습니다. 화를 낼 수 있습니다. 고민에 빠질 수 있습니다. 불안해질 수 있습니다. 이 모든 게 태어난 자만 체험할 수 있는 특별한 경험입니다. 이는 우주의 기적이자 여러분과 여러분 부모님의 기적입니다.

'설령 히스이 씨의 말이 맞다고 하더라도, 저는 아무런 고민이 없는 세계로 떠나고 싶어요'라는 당신에게 말씀드리고 싶습니다.

이 세계에는 고민이 없는 곳이 딱 한 곳 있습니다. 바로 무덤입니다.

우리는 모두 언젠가 무덤으로 가야 하니, 지금은 서두르지 말고 고민투성이 인생을 즐겨봅시다. 우리의 인생은 약 100년입니다. 이는 우주 137억 년의 역사에 비교해 보면 0.1초에 불과합니다.

100년의 삶은 우주의 흐름 아래에서 밤하늘의 불꽃놀이와 같습니다. 눈 깜빡이는 순간 불꽃이 퍼지고, 어둠 속으로 사라집니다. 허무에 빠지라는 의미로 말씀을 드리는 게 아닙니다. 우리의 한정된 삶을 사랑하고, 좌절하지 말고, 옆에 있는 사람에게 웃으며 인사를 하라는 의미입니다. 우리가 아침에 눈을 뜨는 게 얼마나 대단한 일인지 생각해 보십시오. 내일 아침에 눈을 뜨면 얼굴을 찌푸리며 눈을 비비는 대신 좋은 일을 떠올리거나 행복한 상상을 하며 미소를 지어 보십시오. 아내나 남편, 연인이 옆에 있다면 이상한 눈으로 바라보겠지만 괜찮습니다. 계속하다 보면 다른 사람들도 익숙해질 겁니다.

좋은 일이든, 나쁜 일이든, 어떤 일이든 '일이 일어나는 것' 자체가 살아 있다는 증거이자 축복입니다. 마음의 평화는 죽은 뒤 무덤에서 영원히 느낄 수 있습니다. 그러니 지금은 고민하고, 소리치고, 슬픔을 느끼고, 노래하고, 춤추고, 웃어봅시다. 우리는 모두 한때 '무無'의 영역에 있었습니다. 맨몸으로, 아무것도 없이 이 세상에 던져진 것입니다. 그러니 엄밀히 말하자면 살아가며 잃을 것이 없습니다.

"사람은 태어날 때 벌거숭이인데, 죽을 때 팬티 하나만 입고 있으면 잘 산 것 아니냐."

일본의 국민 코미디언이자 MC인 아카시야 산마 씨의 할아버지가 한 말이라고 하는데, 정말 이 말대로입니다. 그러니 우리가 이번 생에서 할 일은 단 하나입니다. 무슨 일이 일어나든, 오늘이라는 하루를 완전히 받아들이고 충분히 즐기는 것입니다. 그러면 마음의 문이 열리고, 마침내 마음의 소리가 들려올 것입니다. 그 이후에는 당신

마음의 소리에 따라 살아가면 됩니다.

한 가지 팁을 알려드리겠습니다.

마음의 문이 열리는 순간, 사람들은 자연히 다른 누군가를 기쁘게 해주고 싶다는 생각이 듭니다. 자, 오늘 하루도 시작되었습니다. 당신이 맨 처음 해야 할 일은 얼굴을 찌푸리며 눈을 비비거나 짜증을 내며 알람시계를 끄는 것이 아닙니다. 미소를 지으며 오늘 하루를 시작하십시오.

사람에게는 죽음과 마찬가지로

피할 수 없는 것이 있다.

그건 바로 '살아가는 것'이다.

찰리 채플린(영화 감독, 코미디언)

27장

미래의 내가 오늘의 나에게 부치는 편지

어느 심리학자는 트라우마를 극복한 사람들과 아직 트라우마에서 빠져나오지 못한 사람들을 분류하고, 그 사람들이 트라우마를 일으킨 사건을 떠올릴 때 어떤 이미지를 우선적으로 머릿속에 그리는지를 실험한 적이 있습니다. 예를 들어 부모와의 관계에 어떤 트라우마가 있었다고 가정합시다. 이미 트라우마를 극복한 사람은 부모와의 기억을 떠올렸을 때 '부모'와 '나 자신'이라는 이미지를 모두 떠올렸습니다. 반면 아직 트라우마를 극복하지 못한 사람은 부모만 떠올렸다는 것입니다. 정리하자면,

트라우마를 극복한 사람들은 회상을 할 때 자기 자신이 등장합니다. 하지만 트라우마를 극복하지 못한 사람들은 회상을 할 때 자신이 등장하지 않습니다.

이 차이에는 어떤 의미가 있을까요?

회상에 자신이 등장하는 것은 자신을 객관적으로 볼 수 있다는 의미입니다. 회상에 자신이 등장하지 않았다는 것은 트라우마가 아직 그대로 마음속에 자리를 잡고 있다는 것입니다. 왜냐하면 현실에서 자신을 똑바로 바라볼 수가 없기 때문입니다.

이 실험에서 알 수 있었던 것은 자신을 객관적으로 바라보는 편이 자신을 치유하는 데 도움이 된다는 것입니다.

사실 이 책에서는 인생 마지막 날 자신이 어떤 모습일지를 보여줌으로써 보다 스스로를 객관적으로 바라보는 시각을 선물하고 싶었습니다. 인생 마지막 날, 지금을 돌이켜 본다면 지금 당신이 고민하고 있는 문제는 어떻게 보일 것 같으십니까? 고민할 가치가 없는 일로 보이리라는 생각이 들지 않겠습니까?

여기서부터는 여러분의 참여가 중요합니다.

이상적인 삶을 즐긴 '미래의 당신'이 '현재의 당신'에게 메시지를 전해주는 것입니다. 그러기 위해 우선 이상적인 삶을 살고 생애 마지막 날을 보내고 있는 자기 자신을 상상해 보는 것에서 시작합시다. 인생의 끝에서 여러분은 어떤 감정을 느끼고 싶습니까?

그 순간을 더 쉽게 상상할 수 있도록 심리 치료 '빈 의자 기법Empty Chair'을 소개합니다. 매우 간단하고 다양한 상황에 적용할 수 있으니 이 기회에 익혀두시기를 권합니다. 빈 의자 기법은 의자 여러 개를 두고 자신의 위치를 바꿔가며 새로운 시각과 감정을 받아들이는 기법입니다. 시각을 바꾸려면 입장을 바꾸어야 하기 때문에 여기에선 두 개의 의자를 사용합니다.

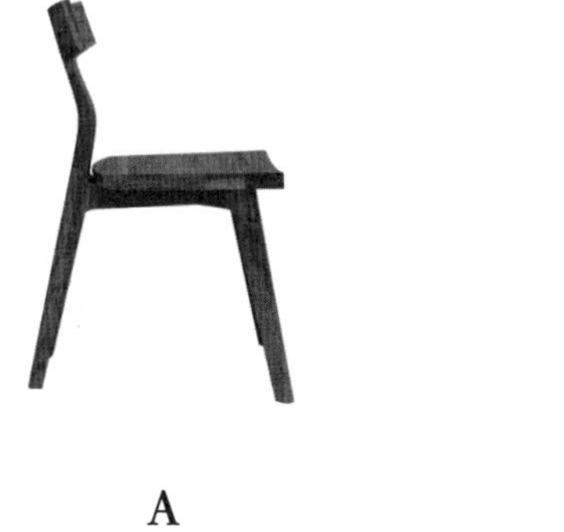

A **B**

그러면 이제부터 두 개의 의자를 사용해 봅시다. 첫 번째 의자(A)를 놓은 후에, 걸어서 5걸음 정도 앞에 서로 마주보는 또 다른 의자(B)를 놓습니다.

그런 뒤, 먼저 A 의자에 앉습니다. 그리고 당신의 앞에 문이 있다고 상상해 보는 것입니다. 그 문 너머에는 이상적인 삶을 마치고 인생의 마지막 날을 보내고 있는 당신이 있습니다.

3, 2, 1 숫자를 세어보고 문을 열어보십시오. 문을 열었으면 일어나 한 걸음 한 걸음 B 의자를 향해 나아갑니다. 그리고 이상적인 인생을 살아온 마지막 날의 자신과 하나가 된다고 생각하고 B 의자에 앉아보십시오. 앉으셨다면, 최고의 삶을 만끽한 마지막 날의 자신을 구체적으로 상상해 보십시오.

무엇이 보이십니까?

지금 어디 있으십니까?

자택입니까?

아니면 쾌적한 리조트 빌라에서 바람이 부는 걸 느끼고 있으십니까?

주변에 무엇이 있으십니까?

지금 어떤 옷을 입고 있으십니까?

이상적인 삶을 마친 당신은 지금 어떤 감정을 느끼고 있으십니까?

흐린 성취감입니까? 즐겁고 고요한 충만감입니까?

그 감정은 몸의 어느 부위에서 어떻게 느껴지십니까?

잠시 그 감각을 충분히 느껴보십시오.

인생 마지막 날, 충만한 감정을 느꼈다면 이제 앞에 있는 의자 A에 현재의 자신이 앉아 있는 것을 상상해 보십시오. 그리고 최고의 삶을 즐긴 미래의 나로서 현재의 나에게 하고 싶은 말을 소리내어 전해주십시오. 지금 느끼는 대로 가감 없이 이야기를 하십시오.

글을 읽기만 하는 것으로는 감정이 잘 전해지지 않을 것 같지만 실제로 위치를 옮겨 의자에 앉으면 자신도 놀랄 정도로 많은 말이 쏟아져 나올 것입니다. 그리고 형용할 수 없는 감정을 느낄 것입니다.

자, 그러면 의자를 준비해서 시작해 봅시다. 인생의 마지막 날의 당신이 오늘의 당신에게 메시지를 전해주는 것입니다. 메시지를 다 전하고 나면, 다시 A 의자, 즉 현재의 당신을 위한 의자로 돌아가 그 메시지를 받으십시오. 메시지를 받은 후, 최고의 삶을 살아간 미래의 자신과 포옹하며 미래의 자신과 하나가 된다고 생각하고 당신의 마음속에 그를 넣어 주십시오. 이제 당신은 미래의 자신과 계속 함께할 것입니다.

이 순간, 미래의 행복한 자신, 즉 목표가 정해졌습니다. 나머지는 거기에 이르기까지의 과정입니다.

그러니까 이제 어떤 일이 일어나더라도 괜찮을 겁니다.

앞으로 무슨 일이 일어나더라도 마지막은 해피엔딩이니까요. 이 과정에서 자신에게 해준 말 중 인상에 남은 것이 있다면 꼭 적어두십시오. 그것이 미래의 당신이 현재의 당신에게 보내는 메시지입니다.

미래의 내가 지금의 나에게

맺는 말

당신은 지금 살아 있다

이 책을 쓰게 된 직접적인 계기는, 사이쇼 아츠요시 씨의 존재 덕분입니다.

이 책을 시작하며 저는 이런 질문을 드렸습니다.

"90년 인생을 돌아보며 유일하게 후회하는 게 있다면 무엇인가요?"

해당 설문조사에 대한 답으로 90%의 사람이 "더 모험을 해봤다면 좋았을 텐데"라고 대답했다는 것도 말씀드렸습니다.

사실, 이 이야기는 제 데뷔작인 《3초만에 행복해지는 명언 테라피》에서도 한번 했었습니다. 당시 중학생이었던 사이쇼 씨는 책을 읽고 스스로에게 물었다고 합니다.

'이대로 살아간다면, 인생의 마지막 순간에 반드시 후회할 거야. 이대로 살아가도 괜찮은 걸까?'

고민 끝에 내린 그의 결론은 "이제부터라도 인생을 모험하며 살아가자"였습니다.

그렇게 결심한 그는 대학생이 되어 또다른 책을 만납니다. 츠보이 히로미 씨의 《그라민 은행을 알고 계십니까?グラミン銀行を知っていますか?》라는 책입니다. 그라민 은행은 무하마드 유누스 박사가 총재를 맡은 방글라데시의 은행으로, 단돈 24달러로 시작된 '가난한 이들을 위한 은행'입니다. 유누스 박사는 이 은행의 설립으로 인해 노벨 평화상을 수상했고, 사회 운동가들 사이에서 칭송받게 되었습니다.

쉽게 설명을 드리자면, 그라민 은행은 모든 것을 반대로 하는 은행입니다. 일반적인 은행은 도시의 부자들을 상대하지만, 그라민 은행은 시골의 가난한 사람들을 상대합니다. 일반적인 은행은 상대의 경력, 실적(과거)을 보지만, 그라민 은행은 상대의 가능성과 미래를 봅니다. 사이쇼 씨는 '자선이 아닌 소셜 비즈니스로서, 자비가 아니라 존엄이라는 입장에서' 가난한 이들을 재정적으로 지원하는 유누스 박사에게 매료되었습니다. 그는 책을 읽자마자 곧바로 그 책의 저자인 츠보이 히로미 씨가 있는 아키타 대학으로 전화를 걸었습니다.

"선생님의 저서를 읽고…… 음, 감동해서…… 아…… 아, 만나러 가도 될까요?"

"예, 언제쯤 오시죠?"라고 츠보이 히로미 선생님이 답했습니다. 사이쇼 씨는 대답했습니다.

"내일이요."

다음 날, 익숙하지 않은 정장으로 갈아입은 사이쇼 씨는 아침 9시에 아키타 대학으로 찾아갔습니다. 츠보이 선생님의 연구실 문에는 "어서 오세요!"라고 적힌 종이가 붙어 있었습니다.

츠보이 선생님은 후에 이렇게 말했습니다.

"메일이나 편지를 주는 사람은 많은데, 책을 읽자마자

당일 심야버스로 대학까지 달려온 사람은 사이쇼 씨가 처음입니다."

인생을 모험하며 살기 위해서는 하고 싶은 일을 내년으로 미루면 안 됩니다. 마음이 정해지면感 즉시 움직이는動 것입니다. 그러면 반드시 '감동感動'이 찾아옵니다.

츠보이 선생님과의 만남을 통해 인연이 이어져, 그는 아시아의 최빈국인 방글라데시로 향합니다. 그리고 가난을 직면하게 됩니다. 방글라데시에서는 교사 4만 명이 모자랐습니다. 가난한 농촌에서 태어난 어린이들은 교육을 받을 수 없었고, 빈부격차가 무척이나 심했습니다. 부의 격차는 계속해서 벌어지고 있었습니다.

가난하다는 이유만으로 꿈을 이룰 가능성이 줄어드는데, 사이쇼 씨는 그들을 어떻게든 도우고 싶었습니다. 당시 그는 한낱 대학생에 불과했습니다. 하지만 그는 아무것도 할 수 없다는 생각 따위는 하지 않았습니다. 왜냐하면 그는 중학생 때 이미 인생을 모험하며 살기로 했기 때문입니다. 할 수 있는 일만 하는 것은 모험이 아닙니다. 옆에서 누군가 불가능하다고 천 번 넘게 말려도 하고 싶은 일을 하는 것이 모험입니다. 무언가를 하기 전에 포기할 이유는 모두 버리고 '불가능한 일은 없다. 하지 않고 이뤄지는 일은 없다'라는 정신을 가지는 것입니다.

그는 고등학교 때 낙제생이었습니다. 10등급 중 성적은 9~10등급 정도였으니까요. 그러나 그는 영리 교육 시설인 동진 하이스쿨에 다니며 새롭게 태어났습니다. 동진 하이스쿨은 대부분의 수업을 영상으로 진행합니다. 그렇기에 최고의 교사 한 사람만 있어도 모든 과목 수업이 동시에 가능합니다. 사이쇼 씨는 이런 영상 교육 시스템을 방글라데시에 도입하여 교육 혁명을 일으킵니다. 영상 교육을 도입해 주는 마을을 찾고, 자금을 지원해 주는 사람을 찾고, 수업 영상을 DVD로 녹화해 줄 최고의 강사진을 방글라데시의 학원에서 직접 찾아다니며 개별적으로 선생님들을 설득했습니다. 당시 그의 나이는 고작 22세였습니다.

그의 행보는 화제를 끌며 '저 교실의 선생님은 상자 안에 있다'며 이슈가 되었고, "농촌에서 교육 혁명이 일어났다"라는 주제로 방글라데시 신문에서 6면에 걸쳐 다뤄졌습니다. 한 명의 대학생이 방글라데시의 교육 혁명을 이루어낸 것입니다.

사실, 이 프로젝트는 진행 내내 여러 고비를 맞이했습니다. 엎친 데 덮친 격으로 자금을 강도에게 빼앗겨 고용한 선생님들에게도 돈을 지급할 수 없는 절체절명의 위기와 마주한 적도 있습니다. 좌절에 빠진 그에게 그의 은사님이 봉투를 건넸습니다. 그 봉투 안에는 1년치의 프로젝트 운영비가 들어있었습니다. 은사는 사이쇼 씨에게 이렇게 말했습니다.

"에도 시대 검객 미야모토 무사시는 행한 일에 절대 후회를 하지 않는다고 말했죠. 결국, 후회하며 자기를 비난하는 건 손쉬운 속임수에 불과해요. 한가한 사람이나 자기를 깎아내리는 거랍니다. 앞으로 나아가는 사람에게는 자기 비난도, 변명도 없습니다. 그냥 앞으로 나아갈 뿐이죠. 계속 나아가세요. 변명 따위는 하지 않겠다는 정신으로 힘을 내주세요."

진심으로 꿈을 향해 나아갈 때, 진심으로 그 꿈을 지원해 주는 사람과 만나게 됩니다. 진심으로 삶을 마주할 때, 감사의 감정이 자연스레 솟아오릅니다. 이러한 감정을 느끼는 순간이야말로 우리가 죽기 전에 기억하고 싶은 한 장면이 될 것입니다.

이렇듯, 인생을 모험하며 살아가기로 결심한 사이쇼 씨는 90세 이상의 사람들 중 90%가 "더 모험을 해봤다면 좋았을 텐데"라고 후회했다는 이야기를 해준 저에게 감사를 표하고자 직접 찾아와서 인사를 해주었습니다. 그 순간, 저는 정말로 기뻤습니다.

살아간다는 것은 참 신기한 일입니다. 얼굴이 붉어지고 사람을 겁내는 소심한 성격의 청년. 그런 제가 스스로를 바꾸고 싶어서 여태 배워온 것들을 매일 하나씩 블로그에 쓰기 시작하며 탄생한 《3초만에 행복해지는 명언 테라피》는 비록 간접적이더라도 사이쇼 씨에게 하나의 계기가 되었고, 방글라데시의 교육 혁명까지 이뤄냈으니 말입니다.

한 톨의 쌀알이 땅에 떨어지면, 24개의 싹이 나서 24개의 벼가 됩니다. 24개의 벼는 대략 300개의 쌀알을 맺습니다. 다시 말해, 한 톨의 쌀알은 가을에 7,200개의 쌀알이 됩니다. 그리고 그 7,200개는 다음 해 가을에는 어느 정도가 될까요? 5,814만 개가 됩니다. 한 톨의 쌀알은 다음 해에 5,814만 개가 될 수 있습니다. 작아 보이는 한 걸음이 나중에는 거대한 한 걸음으로 이어집니다. 이것이 생명이라는 것입니다.

오늘이라는 하루는 터무니없을 만큼 큰 가능성을 감추고 있습니다. 당신은 지금 살아 있습니다. 그 이상의 기적은 없습니다. 언젠가 죽음을 마주할 것이라는 사실을 마음 깊이 새겨보면, 오늘이라는 하루가 얼마나 가능성으로 넘치고, 기쁘고, 감사하며, 빛나고 있는지 깨달을 것입니다.

그걸 깨닫는다면, 당신은 인생의 마지막 날을 웃으며 맞이할 것입니다.

오늘부터 새로운 당신이 되십시오. 당신은 채 이루지 못한 것들을 완수하기 위해 미래에서 온 새로운 당신입니다.

이제 창문을 열어 새로운 바람을 맞이하십시오. 바람을 느끼고 깊게 숨을 들이마십시오. 그리고 가슴에 양손을 얹고 잠시 심장 박동을 느껴보십시오. 인생의 마지막 날, 당신의 마음은 분명히 맑을 것입니다.

생의 마지막을 생각할 때
삶은 비로소 시작된다

초판 1쇄 발행 • 2024년 6월 30일

지은이 • 히스이 고타로
옮긴이 • 이맑음
펴낸이 • 김동하

편　집 • 이주형
디자인 • 김수지
펴낸곳 • 책들의정원
출판신고 • 2015년 1월 14일 제2016-000120호
주소 • (10881) 경기도 파주시 산남로 5-86
문의 • (070) 7853-8600
팩스 • (02) 6020-8601
이메일 • books-garden1@naver.com

ISBN 979-11-6416-215-4 (03190)